DE L'INFLATION
À LA DETTE PUBLIQUE

Collection « L'esprit économique »

fondée par Sophie Boutillier et Dimitri Uzunidis en 1996
dirigée par Sophie Boutillier, Blandine Laperche, Dimitri Uzunidis

Si l'apparence des choses se confondait avec leur réalité, toute réflexion, toute Science, toute recherche serait superflue. La collection « L'esprit économique » soulève le débat, textes et images à l'appui, sur la face cachée économique des faits sociaux : rapports de pouvoir, de production et d'échange, innovations organisationnelles, technologiques et financières, espaces globaux et microéconomiques de valorisation et de profit, pensées critiques et novatrices sur le monde en mouvement...
Ces ouvrages s'adressent aux étudiants, aux enseignants, aux chercheurs en sciences économiques, politiques, sociales, juridiques et de gestion, ainsi qu'aux experts d'entreprise et d'administration des institutions.

La collection est divisée en six séries :

Dans la série *Economie et Innovation* sont publiés des ouvrages d'économie industrielle, financière et du travail et de sociologie économique qui mettent l'accent sur les transformations économiques et sociales suite à l'introduction de nouvelles techniques et méthodes de production. L'innovation se confond avec la nouveauté marchande et touche le cœur même des rapports sociaux et de leurs représentations institutionnelles.

La série *Economie formelle* a pour objectif de promouvoir l'analyse des faits économiques contemporains en s'appuyant sur les approches critiques de l'économie telle qu'elle est enseignée et normalisée mondialement. Elle comprend des livres qui s'interrogent sur les choix des acteurs économiques dans une perspective macroéconomique, historique et prospective.

Dans la série *Le Monde en Questions* sont publiés des ouvrages d'économie politique traitant des problèmes internationaux. Les économies nationales, le développement, les espaces élargis, ainsi que l'étude des ressorts fondamentaux de l'économie mondiale sont les sujets de prédilection dans le choix des publications.

La série *Krisis* a été créée pour faciliter la lecture historique des problèmes économiques et sociaux d'aujourd'hui liés aux métamorphoses de l'organisation industrielle et du travail. Elle comprend la réédition d'ouvrages anciens, de compilations de textes autour des mêmes questions et des ouvrages d'histoire de la pensée et des faits économiques.

La série *Clichés* a été créée pour fixer les impressions du monde économique. Les ouvrages contiennent photos et texte pour faire ressortir les caractéristiques d'une situation donnée. Le premier thème directeur est : mémoire et actualité du travail et de l'industrie ; le second : histoire et impacts économiques et sociaux des innovations.

La série *Cours Principaux* comprend des ouvrages simples, fondamentaux et/ou spécialisés qui s'adressent aux étudiants en licence et en master en économie, sociologie, droit, et gestion. Son principe de base est l'application du vieil adage chinois : « le plus long voyage commence par le premier pas ».

Bernard SCHWENGLER

De l'inflation à la dette publique

Analyse des discours politiques

L'Harmattan

Ouvrages du même auteur

Déficits publics. L'inertie française. L'Harmattan. 2012.
Les règles budgétaires. De Boeck. 2014.

5-7, rue de l'École-Polytechnique, 75005 Paris

www.harmattan.com
diffusion.harmattan@wanadoo.fr

ISBN : 978-2-343-09593-6
EAN : 9782343095936

Introduction

Depuis une dizaine d'années, la hausse de la dette publique est devenue une antienne du discours public en France. Depuis le rapport Pébereau, publié en 2005[1] et qui fit office de lanceur l'alerte, les ouvrages sur cette question se succèdent à un rythme soutenu, avec pour la plupart d'entre eux des titres alarmistes et suggérant la nécessité de mesures radicales.[2] Et la tonalité alarmiste de ces ouvrages est confortée par les rapports de la Cour des comptes sur l'état des finances publiques, qui, chaque année également depuis 2005, font état du niveau des déficits publics et de l'augmentation de la dette publique. D'une façon générale, ce discours est construit sur le mode d'une mise en cause globale de la gestion des finances publiques depuis une quarantaine d'années et par voie de conséquence également, au moins de façon implicite, de l'ensemble des dirigeants politiques chargés de cette gestion. Et les solutions proposées le sont sur le mode de la rupture avec cette gestion

Le présent ouvrage résulte d'une démarche différente. Il correspond à une analyse de l'évolution des soldes et de

---

[1] Michel Pébereau. *Rompre avec la facilité de la dette publique. Pour les finances publiques au service de notre croissance économique et de notre cohésion sociale.* Coll. « Des rapports officiels ». La documentation française. Paris. 2006.

[2] Cf. par exemples les ouvrages suivants :

Rémi Godeau. *La France en faillite. La vérité sur l'explosion de la dette publique.* Calmann-Lévy. Paris. 2006.

Jacques Attali. *Tous ruinés dans 10 ans ? Dette publique : la dernière chance.* Fayard. Paris. 2010.

Jean Arthuis. *SOS Finances publiques. Osons les vraies réformes.* Calmann-Lévy. Paris. 2011.

Agnès Verdier-Molinié. *60 milliards d'économie. Albin Michel.* Paris. 2013.

la dette publics de la fin des années 1940 à nos jours à partir des décisions en matière de finances publiques appréhendées du point de vue des dirigeants politiques eux-mêmes. Il a pour objectif de reconstituer les logiques politiques à l'œuvre dans ces décisions à partir du sens donné à ces décisions par ceux qui les prennent. Le matériel utilisé est constitué des prises de position des dirigeants politiques sur les questions budgétaires et sur les questions ayant un rapport avec elles, qui se trouvent dans les livres qu'ils ont rédigés, ou qui ont été rédigés en leurs noms.

Les dirigeants politiques retenus sont des présidents de la République, des Premiers ministres, des présidents du Conseil ainsi que des ministres de l'Economie et des Finances. Leurs livres sont de nature très diverse. Il s'agit de mémoires, d'essais, de livres constitués à partir de conférences de presse ou de discours qu'ils ont tenus, de livres rédigés sous la forme de professions de foi ou de programmes politiques ainsi que de livres rédigés sous la forme de conversations. Certains livres sont des ouvrages généraux dans lesquels les questions budgétaires occupent quelques paragraphes. D'autres livres en revanche constituent de véritables livres d'économie. Au total nous avons utilisé les écrits de 24 dirigeants politiques contenus dans 37 livres, publiés entre 1954 et 2015. Les prises de position des dirigeants politiques sont analysées en relation avec le contexte de leur production. Et le choix d'une perspective historique longue permet de constater les évolutions dans ces prises de position.

Le discours sur la dette publique est un discours relativement récent. Auparavant les dirigeants politiques associaient les déficits publics à l'inflation. Le passage de l'inflation à la dette publique, aussi bien en tant qu'élément du discours des dirigeants politiques qu'en tant que phénomène économique s'est produit au cours des années 1980. Ce passage résulte d'une série de modifications du cadre d'exercice de la politique budgétaire. Il résulte notamment de modifications dans le mode de financement des déficits publics. L'analyse des prises de position des dirigeants politiques portant sur cette période permet de constater dans quelle mesure ces modifications furent le résultat de choix politiques, effectués en fonction de logiques diverses, mais qui furent largement soutenus, aussi bien à droite qu'à gauche.

Par ailleurs, le passage de l'inflation à la dette publique a modifié la relation des dirigeants politiques aux déficits publics. L'inflation, lorsqu'elle était considérée comme excessive, entrainait la mise en place de plans de stabilisation, contenant des mesures de réduction des déficits publics. Avec le remplacement de l'inflation par la dette, les logiques à l'œuvre dans les décisions de politique budgétaire ne sont plus les mêmes. Et les incitations politiques à réduire les déficits publics se sont affaiblies. En fait les modifications apportées au cadre d'exercice de la politique budgétaire ont fortement modifié les conditions de sa mise en œuvre ainsi que ses effets sur les variables macroéconomiques. La hausse de la dette publique constitue l'une des conséquences de ces modifications.

Le présent ouvrage contient 9 chapitres. Les deux premiers chapitres constituent une analyse des prises de position des dirigeants politiques en matière budgétaire des années 40 aux années 70 d'une part (chapitre 1) et des années 80 à nos jours d'autre part (chapitre 2).

Les deux chapitres suivants étudient les logiques politiques à l'œuvre dans le choix de la désinflation (chapitre 3) et dans les réformes du mode de financement des déficits publics (chapitre 4).

Le chapitre 5 montre les effets sur la dette publique de la hausse des taux d'intérêt réels consécutive à la fin de l'inflation. Ces effets permettent d'expliquer une partie de la hausse de la dette publique intervenue depuis les années 1980.

Le chapitre 6 étudie l'influence des institutions sur l'évolution de la dette publique. Cette influence est mise en évidence à partir d'une comparaison effectuée entre plusieurs pays de l'OCDE.

Les chapitres 7, 8 et 9 effectuent une analyse des politiques budgétaires de la fin des années 1980 à nos jours à partir des prises de position des dirigeants politiques, interprétées à la lumière des données du chapitre 6.

Chapitre 1 : L'expansion sans l'inflation ?

« Le principal front de bataille était celui de la monnaie ; le principal corps de bataille était le budget » [3]

Pour comprendre la logique de la politique économique menée de la fin des années 1940 aux années 1970, il est nécessaire d'avoir à l'esprit le cadre institutionnel dans lequel elle s'exerçait. L'élément central de ce cadre résidait dans l'imbrication des sphères budgétaire et monétaire. Cette imbrication résultait du financement administré dont bénéficiait l'Etat pour la gestion de sa trésorerie et dont il pouvait également se servir pour financer ses déficits. L'Etat avait à sa disposition les ressources monétaires des correspondants du Trésor (Caisses des dépôts, Caisses d'épargne, organismes publics etc…) par le mécanisme du « circuit du Trésor ».[4] Il avait également la possibilité d'émettre des bons du Trésor auxquels les banques devaient nécessairement souscrire dans la limite d'un plancher. Il pouvait par ailleurs obtenir des avances de la Banque de France, dans la limite d'un plafond, mais qui pouvait être relevé par le Parlement. Ces différents mécanismes permettaient à l'Etat de bénéficier de ressources monétaires sans être obligé d'émettre des titres de la dette sur les marchés financiers.

---

[3] Edgar Faure. *Mémoires. Avoir toujours raison…C'est un grand tort.* Plon. 1982. Page 210.

[4] Le mécanisme du circuit fait l'objet d'une description détaillée in François Bloch-Lainé et Pierre de Vogüé. *Le Trésor public et le mouvement général des fonds*. Presses universitaires de France. 1960. Page 271 et suivantes.

Cette imbrication des sphères budgétaire et monétaire avait pour effet un parallélisme entre les politiques budgétaire et monétaire. Une relance budgétaire, sous la forme d'une baisse des impôts ou d'une hausse de la dépense, se traduisait par une expansion monétaire, générée par l'augmentation des moyens de paiement à la disposition de l'Etat. Et un resserrement budgétaire s'accompagnait d'une contraction monétaire. Le défaut supposé d'un déficit budgétaire n'était pas la dette, mais l'inflation, censée résulter de l'accroissement de la masse monétaire. Et un resserrement budgétaire constituait l'un des instruments de lutte contre l'inflation, dans la mesure où il générait une contraction monétaire et avait pour effet de réduire la demande.

La contrainte de financement résultait des échanges de la France avec le reste du monde et dépendait des réserves de change (devises, or) qui étaient gérées par la Banque de France. L'accélération de l'inflation, qui caractérisait les périodes dites de surchauffe s'accompagnait de déficits extérieurs et d'une diminution des réserves de change, qui, amplifiée par la fuite des capitaux, pouvait conduire à une cessation de paiement. La contrainte de financement résidait dans la contrainte extérieure.

De la fin des années 1940 aux années 1970, c'est le couple inflation-expansion qui constituait le cœur du discours des dirigeants politiques en matière de politique budgétaire. Les partisans de la rigueur budgétaire la justifiaient au nom de la stabilité de la monnaie. En cas d'inflation, il s'agissait de mettre fin à la surchauffe de l'économie au moyen de plans de stabilisation. Il y eut ainsi de façon successive le plan Mayer de 1948, le plan Pinay de 1952, le plan Gaillard de 1957, le plan Pinay-Rueff de 1958, le plan Giscard de 1963 et le plan Barre de 1976. L'objectif de ces plans était de freiner la demande pour ralentir l'inflation et pour certains d'entre eux également de réduire les importations. Les dispositions de ces plans étaient pratiquement toujours les mêmes : augmenter les impôts, baisser la dépense publique, réduire le degré de liquidité de l'économie au moyen d'un emprunt, restreindre le crédit. Parfois ces mesures étaient complétées par des blocages temporaires des prix. La réduction des déficits publics ne constituait pas un objectif en soi mais un moyen, parmi d'autres moyens, de ralentir l'économie en situation de surchauffe.

L'expansion en revanche justifiait des plans de relance. Il y eut la relance Edgar Faure en 1953, la relance Debré en 1967 et la relance Chirac en 1975. Les dispositions de ces plans de relance correspondaient à l'exact symétrique de celles des plans de stabilisation : hausse de la dépense, baisse des impôts, baisse du coût du crédit. La relance Mauroy de 1981 et le plan de rigueur Delors de 1983 constituèrent à cet égard les derniers avatars de ces politiques d'expansion et de ces plans de stabilisation qui s'étaient succédés depuis la fin des années 1940, dans un contexte économique et institutionnel, celui du début des années 1980, qui était cependant en train de se modifier. Les prises de position des principaux dirigeants politiques pendant cette période s'inscrivaient dans la logique de ce cadre institutionnel.

1. Mendès-France : la rigueur keynésienne

Pierre Mendès-France, qui fut président du Conseil de juin 1954 à février 1955, était un homme politique keynésien. Dans un livre paru en 1954, *La science économique et l'action*, écrit en collaboration avec Gabriel Ardant, il avait décrit les effets néfastes des politiques d'austérité menées pendant l'entre-deux-guerres, basées sur la recherche de l'équilibre budgétaire en période de récession.[5] D'une façon générale, il rejetait l'orthodoxie budgétaire, c'est-à-dire la conception qui faisait de l'équilibre budgétaire un objectif en soi. Il lui opposait la conception keynésienne d'une politique budgétaire au service d'objectifs macroéconomiques (croissance du PIB et plein-emploi ou stabilité des prix et équilibre extérieur). Selon cette conception, en cas de faible activité économique et de chômage, il faut distribuer du pouvoir d'achat en baissant les impôts et en augmentant la dépense publique, en vue d'une relance économique. Cela signifie un déficit budgétaire. A l'inverse, en cas de surchauffe économique et d'inflation, il faut reprendre du pouvoir d'achat en augmentant les impôts et en baissant la dépense publique. Les budgets publics doivent être excédentaires.

« *Le déséquilibre du budget, que la théorie classique considérait comme toujours blâmable, cesse de l'être en période de sous emploi. C'est peut-être là ce qui a le plus frappé l'opinion publique : à savoir que ce qu'elle avait l'habitude de considérer comme la politique la plus sage, la plus vertueuse, l'équilibre du budget, puisse être à déconseiller dans certaines circonstances. La théorie générale (de Keynes) conduisait ainsi à faire de la politique budgétaire, comme de la politique monétaire, un des éléments d'une politique économique d'ensemble (...) Durant les périodes de prospérité, l'équilibre budgétaire redevient nécessaire, et même le suréquilibre, qui peut contribuer à restreindre une consommation trop forte et une spéculation trop aventureuse. On conçoit donc que*

---

[5] Dans ce livre, il mettait en cause les politiques suivantes : le retour à l'étalon or du Royaume-Uni pendant les années 1920, la politique de déflation menée par la France pendant les années 1930 et la politique d'équilibre budgétaire menée par le chancelier Brüning en Allemagne de 1930 à 1932, qui contribua selon lui à la venue de Hitler au pouvoir. *La science économique et l'action*. Unesco-Julliard. 1954. Rédigé avec Gabriel Ardant.

ces suréquilibres et ces déséquilibres, en se succédant, puissent s'annuler. D'où la conception du budget cyclique: sur une période de x années, les excédents et les déficits budgétaires doivent se compenser.
Ainsi est-il possible, lorsque l'état du cycle le commande, de pratiquer la politique de déficit budgétaire destinée à assurer le plein emploi »[6]

Par ailleurs, il défendait le principe de l'emprunt pour le financement des dépenses d'investissement, avec l'argument selon lequel, à la différence des dépenses de fonctionnement, les dépenses d'investissement généraient une croissance du revenu national permettant le remboursement des emprunts.[7]

Cependant, Pierre Mendès-France était favorable à la stabilité de la monnaie. Il avait rédigé en 1928 une thèse de doctorat sur le redressement financier mené par Raymond Poincaré en 1926-1927. Et en avril 1945 il avait démissionné de son poste de ministre de l'Economie en raison du refus par le général de Gaulle de son projet de plan de stabilisation. Il était par conséquent tout à fait logique qu'à la fin des années 1940, alors que les prix augmentaient en moyenne de 50 % par an, ses prises de position à l'Assemblée nationale fussent dirigées de façon principale contre l'inflation.[8] A cet égard, il développait une critique de gauche de l'inflation, qu'il fustigeait comme étant l'ennemie de la justice sociale et des travailleurs.

---

[6] Gabriel Ardant et Pierre Mendès-France. *La science économique et l'action*. Unesco-Julliard. 1954. page 45.

[7] Pierre Mendès-France. *Œuvres complètes. Tome 2. Une politique de l'économie*. 1943-1954. Gallimard 1985.
Intervention du 5 mars 1947 à l'Assemblée nationale en tant que député sur le thème « budget et inflation ». Page 205.

[8] De 1945 à 1948, l'inflation annuelle moyenne avait été de 52 %.

« La monnaie malade, l'inflation, entrainent toujours le développement des injustices sociales. Cet après-midi, Monsieur Ramette rappelait que, depuis 1938, la fraction du revenu national qui va à la classe ouvrière s'est trouvée réduite. C'est vrai, c'est une conséquence de l'inflation dans laquelle nous avons vécu.
L'inflation est toujours dirigée contre les travailleurs et contre les classes moyennes, tandis qu'elle profite aux agioteurs, aux spéculateurs (...) Dans l'inflation croissante, vous avez toujours de plus en plus de gens trop riches et de plus en plus de gens trop pauvres. C'est l'inverse dans les pays de finances correctes, où la justice sociale, le progrès, deviennent possibles ».[9]

Et par conséquent, en période d'inflation, il soutenait la rigueur budgétaire, sur la base non pas de l'orthodoxie budgétaire mais d'une conception keynésienne de la politique budgétaire :

« Je voudrais préciser à cette occasion que je ne partage pas ce fétichisme un peu étroit et un peu classique de l'équilibre budgétaire qu'on a souvent ridiculisé (...) Certes il peut s'établir entre les recettes et les charges du budget des oscillations modérées dans le temps et un strict ajustement annuel ne s'impose pas toujours. En période de déflation, lorsque des biens et des produits sont disponibles, mais que les acheteurs manquent faute de pouvoir d'achat, lorsque le pays souffre du chômage, le déficit momentané peut être salutaire (...) En période d'inflation, l'Etat doit pomper par l'impôt les pouvoirs

---

[9] Pierre Mendès-France. Intervention du 5 mars 1947 à l'Assemblée nationale en tant que député sur le thème « budget et inflation ». *Œuvres complètes. Tome 2. Une politique de l'économie*. 1943-1954. Gallimard 1985. Page 204.

d'achat excédentaires chez ceux qui en ont trop et n'en distribuer qu'une part réduite »[10]

Et à cet égard il opposait au représentant du parti communiste Jacques Duclos une argumentation en faveur de la rigueur budgétaire au nom de la justice sociale et de la défense du niveau de vie.

« Il y a quelques semaines, Monsieur Jacques Duclos faisait observer à cette tribune qu'au cours des trente ou trente-cinq dernières années les budgets français, à trois ou quatre exceptions près, avaient toujours été en déséquilibre (...) Ces années de faiblesse financière se sont en fait traduites par la chute ininterrompue de la valeur du franc, par le piétinement et parfois l'abaissement du niveau d'existence des Français (...) Tel est le prix du déficit et du déséquilibre permanent. Un Etat ne peut pas distribuer d'une manière durable, en dépenses d'entretien et de fonctionnement des pouvoirs publics, des sommes supérieures à celles qu'il encaisse. Sinon il va à la banqueroute »[11]

Et il poursuivait de la façon suivante :

« La seule question est de savoir si nous aurons le courage de rétablir ces déséquilibres nous-mêmes par notre volonté et dans l'ordre ; ou bien si nous les subirons après un désastre monétaire, des convulsions profondes et des misères supplémentaires pour les plus faibles »[12]

---

[10] Pierre Mendès-France. Idem. Page 207

[11] Pierre Mendès-France. Idem. Page 207.

[12] Pierre Mendès-France. Idem. Page 210.

La passion que mettait Pierre Mendès-France à préconiser la rigueur budgétaire en période d'inflation découlait de la rigueur de son raisonnement économique.

« *Les dépenses qui sont en rapport avec notre situation économique, avec notre effort de production, peuvent et doivent être maintenues dans la limite de l'effort budgétaire que le pays peut supporter. Toutes les autres dépenses, monsieur le ministre, supprimez les férocement, car nous n'avons pas les moyens d'y faire face. Supprimez les même lorsqu'elles sont sympathiques, ou légitimes, ou utiles au premier abord, car elles excèdent les possibilités matérielles du pays* ».[13]

En 1947, le point de vue de Pierre Mendès-France était partagé par un nombre de plus en plus élevé de dirigeants politiques, qui éprouvaient un sentiment d'inquiétude croissant face à une hausse des prix qui risquait de se transformer en hyperinflation. La nécessité d'un plan de stabilisation gagnait du terrain. A l'automne 1947, une commission du bilan national, créée à l'initiative de Jean Monnet, évalua l'écart inflationniste à 365 milliards de francs.[14] Et en décembre 1947, le ministre des Finances René Mayer élabora un projet de budget pour l'année 1948 basé sur des mesures de compression des dépenses et d'augmentation des impôts, dans le but d'atteindre une couverture des dépenses de fonctionnement par des recettes permanentes.[15] L'objectif était de mettre fin aux

---

[13] Pierre Mendès-France. Idem. Page 206.

[14] L'écart inflationniste correspond à l'excès de demande sur les capacités productives.

[15] Le taux de couverture des dépenses de fonctionnement par des recettes permanentes avait été de 41 % en 1945, de 57 % en 1946 et de 88 % en 1947. L'objectif pour 1948 était de 100 %. Cf. Michel Margairaz. *L'Etat, les finances et l'économie. Histoire d'une*

avances de la Banque de France. Les dépenses de reconstruction et d'investissement en revanche continuaient à être financées par l'emprunt et l'aide du plan Marshall. Le second volet du plan Mayer consista en janvier 1948 en une dévaluation du franc de 44 % par rapport au dollar, afin de solder la forte inflation des années passées.[16] L'inflation cependant resta forte en 1948 (59 %) avant d'enregistrer un ralentissement en 1949 (13 %). Et le franc connut une nouvelle dévaluation en septembre 1949.[17]

2. La souplesse d'Edgar Faure

Edgar Faure participa à la plupart des gouvernements de 1949 à 1956. Il fut successivement secrétaire d'Etat aux Finances de février 1949 à juillet 1950 (dans les gouvernements Queuille puis Bidault), ministre du Budget de juillet 1950 à août 1951 (dans les gouvernements Pleven puis Queuille). Il occupa le poste de ministre des Finances et des Affaires économiques dans le gouvernement Laniel (de juin 1953 à juin 1954) puis dans le gouvernement Mendès-France (de juin 1954 à janvier 1955), avant de lui succéder à la présidence du Conseil de février 1955 à janvier 1956.

De formation économique keynésienne, il se présentait comme l'anti-Pinay, dont il qualifiait le plan de

---

conversion. 1932-1952. Comité pour l'histoire économique et financière de la France. 1991. Page 1005.

[16] Le cours officiel du dollar passa de 119 à 214 francs. Il fut par ailleurs crée un marché libre sur lequel le cours du dollar se fixait en fonction de l'offre et de la demande.

[17] La dévaluation du 20 septembre 1949 mit fin au cours multiple et fixa à 350 francs la valeur du dollar.

stabilisation de 1952 de « stabilisation-postiche ».[18] Il mettait les conceptions « monétaristes » d'Antoine Pinay sur le compte du climat intellectuel des années 1930.

« Il (Antoine Pinay) était entré dans la vie politique sous la IIIe et il conservait les conceptions dominantes de cette période en matière de politique économique (...) il avait atteint sa maturité politique à une époque où l'on révérait encore l'orthodoxie poincariste (pourtant prolongée par un cycle de dépression générale) où Laval, soutenu par les modérés, poursuivait son entreprise déflationniste par l'amputation des revenus, où Pierre-Etienne Flandin stigmatisait le « matérialisme sordide des masses » ; il avait gardé la culture et les référentiels de cette époque. La stabilité monétaire était pour lui le dogme, le niveau de la production lui apparaissait comme une donnée secondaire, il avait le culte de la stabilité, fût-ce au mépris de l'expansion, fût-ce au risque – et tel fut bien le cas – de la stagnation »[19]

En 1953, Edgar Faure obtint de l'Assemblée nationale les pleins pouvoirs pour la mise en œuvre d'un plan « d'expansion dans la stabilité » constitué de mesures faites de soutien à l'investissement et de baisse du taux d'escompte. Il s'agissait de lutter contre la « déflation » (une baisse des prix de 1,8 % en 1953), entrainée selon lui par le plan de stabilisation de 1952. Le sous-emploi ne se manifestait pas par une hausse du chômage (200 000 chômeurs en 1953) mais par la suppression des heures supplémentaires, qui entrainait une perte de pouvoir d'achat pour les ménages ouvriers. Il décrivait les

---

[18] Edgar Faure. Mémoires. *Avoir toujours raison... C'est un grand tort*. Plon. 1982. Page 458.
[19] Edgar Faure. Idem. Page 398.

principales dispositions de son plan d'expansion de la façon suivante :

« *J'avais de mon côté, pour reprendre une définition célèbre, la supériorité d'une « pensée qui pense » sur une « pensée qui ne pense pas ».*
Ma politique économique peut être comparée à une stratégie qui utiliserait quatre unités (je disais quelques fois quatre cavaliers).
L'une destinée à rester figée sur place, et même, de préférence à se tenir un peu en arrière de ses positions initiales, c'est celle des prix. C'est le cavalier immobile.
Deux autres, progressant à des allures modérées : les salaires, pas trop vite, et l'exportation, aussi rapide que possible, mais qui ne peut jamais prendre une allure très vive.
Enfin, il y a la charge de la brigade légère : la partie la plus originale, avec ses deux thèmes : l'escompte et l'investissement »[20]

Son plan de relance eut pour effet une accélération de la croissance qui passa de 3,5 % en 1953 à plus de 5 % en 1954 et 1955 avec un rythme d'inflation qui resta inférieur à 1 %. Il se référait à ce succès pour inverser, non sans humour, la relation habituellement établie entre recherche de la facilité et efficacité :

« *Je retrouvais le ton des ritournelles (...) avec les leitmotivs de l'Etat qui vit au-dessus de ses moyens, des Français qui consomment trop, etc (...) En finance, pensais-je, la véritable rigueur, c'est de réussir. La politique dite de facilité, c'est-à-dire celle qui ne cherchait pas à faire souffrir les Français et qui jouait sur la relance de la consommation équilibrée avec celle de*

[20] Edgar Faure. Idem. Page 498.

l'investissement était déjà en train de faire son œuvre et elle allait gagner son pari »[21]

Alors que Pierre Mendès-France était keynésien par la doctrine, Edgar Faure l'était par tempérament.

3. De Gaulle : le budget au service du franc

C'est dans les chapitres des *Mémoires d'espoir* consacrés aux plans de stabilisation de 1958 et de 1963 que le général de Gaulle exposa sa conception de la politique économique. Le plan de stabilisation de 1958, appelé plan Pinay-Rueff, fut lancé dès son retour au pouvoir. Ce plan, présenté comme un plan d'urgence du fait de l'épuisement des réserves de change,[22] avait pour objectifs la fin de l'inflation (15 % en 1958), la fin du déficit extérieur et le rétablissement de la confiance. Au-delà de ces objectifs immédiats, il devait permettre à la France de respecter les engagements du traité de Rome signé en 1957 sur la liberté des échanges dans le Marché commun et de mettre en œuvre la convertibilité externe du franc prévue par les accords de Bretton Woods.[23]

Selon lui, l'action du chef de l'Etat en matière économique devait porter sur 4 points considérés comme essentiels, le plan, la compétitivité, l'investissement et la monnaie. Sa conception de la monnaie relevait à la fois de l'orthodoxie monétaire et de considérations politiques consistant à associer stabilité monétaire, ordre social et grandeur nationale.

---

[21] Edgar Faure. Idem. Page 588.

[22] Selon le général de Gaulle, à la date de sa nomination à Matignon, le 1er juin 1958, les réserves de change représentaient l'équivalent de 5 semaines d'importation. *Mémoires d'espoir. Le renouveau*. Page 145.

[23] La convertibilité externe du franc devait en principe être effective au plus tard le 31 décembre 1958.

« Il s'agit de la monnaie, critère de la santé économique et condition du crédit, dont la solidité garantit et attire l'épargne, encourage l'esprit d'entreprise, contribue à la paix sociale, procure l'influence internationale, mais dont l'affaiblissement déchaine l'inflation et le gaspillage, étouffe l'essor, suscite le trouble, compromet l'indépendance »[24]

Le budget quant à lui devait être au service de la monnaie. Le plan Pinay-Rueff comptait trois volets. Le premier volet consistait en un retour à l'équilibre budgétaire au moyen de hausses d'impôts et d'une baisse de la dépense publique. Il s'agissait de mettre fin au financement monétaire du déficit, considéré comme inflationniste, et de provoquer une baisse de la demande de consommation.

« Le plan comporte en effet trois éléments essentiels (...) Le premier est l'arrêt effectif de l'inflation ; celle-ci n'étant qu'une drogue qui par phases alternées d'agitation et d'euphorie mène la société à la mort. On va s'en guérir, d'abord en comprimant les dépenses et en augmentant les recettes de l'Etat pour que le découvert des budgets, à commencer par celui de 1959, ne donne pas lieu à la création de moyens de paiement artificiels, ensuite en réduisant momentanément la consommation interne afin qu'une part excessive du revenu national ne soit pas ainsi dévorée, qu'au contraire s'accroisse l'épargne, mère des investissements, et que la production se tourne vers l'exportation »[25]

---

[24] Charles de Gaulle. *Mémoires d'espoir. Tome 1. Le renouveau.* Plon. 1970. Page 143

[25] Charles de Gaulle. Idem. Page 150-151.

L'équilibre des comptes publics, réalisé dès 1958, fut maintenu chaque année jusqu'en 1974, à l'exception des années 1967 et 1968 où les soldes publics furent légèrement déficitaires sous l'effet de la relance Debré.[26]

Le deuxième volet était une dévaluation du franc de 17,5 % dans le but d'annuler les effets de l'inflation passée sur la compétitivité. Grâce à la stabilité future des prix, cette dévaluation devait en principe être la dernière de la série des 11 dévaluations depuis 1914. Par ailleurs était annoncé le passage au nouveau franc. Le troisième volet était constitué d'une libéralisation des échanges et de la fin du contrôle des changes.

La mise en œuvre du plan Pinay-Rueff eut pour effet un ralentissement progressif de l'inflation qui passa à 6 % en 1959, à 3,8 % en 1960 et à 3,3 % en1961. Cependant, un retour de l'inflation à partir de 1962 (5 %) conduisit le général de Gaulle à lancer un nouveau plan de stabilisation l'année suivante, le plan Giscard. La présentation du plan Giscard par le général de Gaulle était basée sur le même raisonnement que celle du plan de 1958. Après avoir fait état d'un retour de l'inflation et d'une augmentation des importations plus forte que celle des exportations, le général de Gaulle rappelait sa conception de la monnaie en se référant à la vertu, à l'ordre social, au redressement national et à l'autorité de l'Etat :

« Or la solidité de celle-ci (notre monnaie) mesure dans le monde la réalité et l'efficacité de l'économie du pays, dont dépendent celles de sa politique. Elle est à l'intérieur, la condition essentielle de l'honnêteté des rapports, de la modération des désirs, de la sérénité des destins, de l'ordre social et moral. Elle est pour l'Etat qui

---

[26] L'indicateur auquel nous nous référons est celui du solde d'exécution des budgets de l'ensemble des administrations publiques : Etat, collectivités locales et administrations de la Sécurité sociale.

marque les pièces à son effigie : le roi, l'empereur, la république, l'attestation de sa capacité, la justification de l'autorité qu'il exerce et de la confiance qu'il requiert, l'argument qui lui est nécessaire pour demander l'effort, imposer le sacrifice et réprimer les abus. En cette occurrence, je suis comme je le fus et le serai toujours, décidé à maintenir le franc au taux que je lui ai fixé en me chargeant de redresser la France »[27]

Le plan de stabilisation de 1963 comprenait des mesures d'économies budgétaires, un resserrement du crédit et un blocage des prix. En 1958, les mesures de rigueur budgétaire avaient eu pour effet de mettre fin au déficit budgétaire. En 1963, elles furent prises alors que les budgets publics étaient à l'équilibre. Elles se traduisirent par un accroissement de l'excédent. Dans les deux cas, il s'agissait d'utiliser le budget pour freiner la demande et mettre fin à l'inflation.

4. Debré : l'expansion dans la stabilité

Michel Debré, qui avait été Premier ministre de 1959 à 1962, remplaça Valéry Giscard d'Estaing au poste de ministre des Finances en janvier 1966. Sa conception de la monnaie correspondait entièrement à celle du général de Gaulle. Il était résolument opposé à l'inflation, qu'il associait à la voie de la facilité et qu'il mettait sur le compte d'une propension aux déficits et à la dépense excessive.

« *A peine suis-je assis derrière mon bureau (quand il prend ses fonctions au ministère des Finances en janvier*

---

[27] Charles de Gaulle. *Mémoires d'espoir. Tome 2. L'effort.* Plon. 1971. Page 211.

1966) que des amis, membres de la majorité et dont certains sont ministres, me téléphonent : « pourquoi ne pas faire un peu d'inflation ?» Dans leur esprit il n'y a pas d'expansion sans inflation, c'est-à-dire sans un déficit continu des finances publiques, sans une augmentation constante de la masse salariale indépendamment de la croissance de la production, sans un endettement régulier pour combler le déséquilibre de nos ventes à l'étranger par rapport à nos achats. Les Français sont à ce point attachés à la hausse nominale de leurs salaires et leurs revenus qu'ils ne font pas le lien avec la hausse des prix (...) Dans ce pays où la consommation l'emporte sur l'épargne et où le niveau des salaires parait trop souvent distinct de la quantité ou de la qualité du travail, la démagogique thèse de la relance par la consommation, cad par l'inflation, s'enracine vite dans les esprits »[28]

Cependant, confronté en 1967 à un ralentissement conjoncturel, et alors que l'inflation était faible (2,7 %), il lança un programme « d'expansion dans la stabilité » en prenant soin de réaffirmer la priorité à la stabilité de la monnaie.

« Je crois à la République et à la France. Le Général a compris que la grandeur de la France et le succès de la République exigent qu'il mette sa légitimité au service de la stabilité monétaire (...) Le programme d'expansion dans la stabilité, tel qu'après avoir fait approuver les grandes lignes, je me consacre à en assurer le succès, n'aura de bons effets, et le combat pour le rayonnement de la France ne sera victorieux que si je réussis d'abord à maintenir la valeur du franc »[29]

---

[28] Michel Debré. *Gouverner autrement. 1962-1970. Mémoires*. Albin Michel. 1993. Page 79.
[29] Michel Debré. Idem. Page 147.

Ce programme d'expansion dans la stabilité reposait sur l'acceptation d'un léger déficit budgétaire pour l'année 1967 (0,3 % du PIB)

« Face à cette situation que j'expose en juin aux députés, je suis amené à prendre en juillet des mesures de soutien pour atténuer les effets d'une conjoncture médiocre (...) Je propose donc au Conseil du 12 juillet un coup de fouet en avançant la date d'engagement de certaines dépenses (...) Bref, j'accepte un léger déficit du budget pour permettre, malgré les difficultés extérieures, de maintenir la croissance »[30]

L'année suivante, après avoir constaté l'insuffisance de son plan de relance, il fit voter de nouvelles mesures de soutien.

« Puisque l'expansion n'atteint pas les objectifs fixés par le Ve plan (...) je présente un plan de soutien au Conseil des ministres du 24 janvier 1968 (...) La note à payer pour ce second train en faveur de l'économie se monte à près de 3 milliards de francs et me conduit à déposer sur le bureau de l'Assemblée un « collectif » qui sera voté en première lecture le 10 mai »[31]

Sa démarche restait très prudente. Elle était celle d'un dirigeant politique qui n'était pas de culture keynésienne et qui acceptait d'engager un plan de relance, à la condition expresse qu'il n'ait pas d'effets inflationnistes.

« Avec ces trois milliards de francs, le plan de soutien ne peut prétendre avoir un impact massif sur la production, mais aller au-delà aurait provoqué une forte tension

[30] Michel Debré. Idem. Page 180.
[31] Michel Debré. Idem. Page 180.

inflationniste. Il s'agit de mesures d'ordre conjoncturel. J'annonce que je prendrai de nouvelles mesures en juin si le rythme des 5 % n'est pas atteint »[32]

Ce troisième volet de mesures ne fut pas mis en œuvre. Suite à la spéculation contre le franc consécutive à mai 1968 et aux rumeurs de dévaluation, le général de Gaulle demanda au nouveau Premier ministre Maurice Couve de Murville une réduction du déficit budgétaire, une restriction des crédits bancaires et un rétablissement du contrôle des changes.[33]

5. Pompidou : la priorité à l'expansion

Georges Pompidou présenta sa conception des finances publiques lors d'une conférence de presse tenue un mois après la dévaluation du franc du 15 août 1969. Face au retour de l'inflation (6 % en 1969), qui s'expliquait en partie par les fortes hausses de salaire concédées en mai 1968, il avait opté pour une dévaluation « à froid » plutôt que pour un plan de stabilisation.[34] Au lendemain de cette dévaluation, il convenait cependant selon lui de rétablir les «équilibres généraux » afin de contrecarrer les effets inflationnistes de la dévaluation. C'est dans ce contexte que s'inscrivait sa prise de position en faveur de l'équilibre budgétaire. Les arguments utilisés correspondaient à ceux de l'orthodoxie budgétaire : des budgets publics à l'équilibre, gérés de la même façon que les budgets des ménages. L'équilibre budgétaire était présenté comme le reflet d'un comportement vertueux

[32] Michel Debré. Idem. Page 181.

[33] Cf. Raymond Barre. *L'expérience du pouvoir. Conversations avec Jean Bothorel*. Fayard. 2007. Page 57-58.

[34] Il avait décidé de dévaluer avant que ne se pose le problème de l'épuisement des réserves de change.

basé sur le sens de l'épargne, de la modération dans la dépense et du refus de vivre à crédit.

« Il faut maintenant que l'Etat, que les administrations, que les municipalités et que les particuliers se donnent comme règle d'épargner d'abord pour investir et ne dépenser, qu'il s'agisse d'un équipement dont on a envie, d'une amélioration de son niveau de vie que l'on souhaite, de ne dépenser qu'au fur et à mesure qu'on a vraiment acquis les ressources nécessaires à cette dépense, et de donner toujours par priorité une place à l'épargne.

Cela dépend, je le disais, de tout le monde, aussi bien de l'Etat que des particuliers ; cela dépend de chaque Français, cela dépend en particulier des mères de famille et je prendrai si vous le voulez bien un exemple très terre à terre. Supposons qu'un salarié obtienne demain la promesse d'une augmentation importante au 1er janvier prochain, et que sa femme ait envie de changer de machine à laver. Eh bien, elle peut se dire : Grâce à cette augmentation, au printemps, j'achèterai ma nouvelle machine à laver ; mais elle peut se dire aussi : Achetons-la tout de suite, je vais emprunter, et nous rembourserons au fur et à mesure que l'augmentation rentrera.

C'est cette dernière attitude qui consiste à dépenser l'argent que l'on n'a pas gagné et qui, si elle se généralise, conduit à l'endettement national, à l'inflation, au retard dans les véritables progrès économiques, et finalement à l'appauvrissement relatif par rapport à nos voisins »[35]

Malgré un discours relevant de l'orthodoxie budgétaire, la conception de Georges Pompidou de la politique

---

[35] Georges Pompidou. Conférence de presse du 22 septembre 1969, tenue après la dévaluation du franc du 15 août 1969. *Entretiens et discours. 1968-1974. Tome 1.* Page 235

économique était très différente de celle du général de Gaulle et de Michel Debré. Plutôt qu'à la stabilité de la monnaie, il donnait la priorité à l'expansion. Cette divergence était ancienne. Premier ministre de 1962 à 1968, il avait été en désaccord avec le plan de stabilisation de 1963.[36] En 1968, alors que le franc était attaqué, le général de Gaulle refusa de dévaluer et demanda à son Premier ministre Maurice Couve de Murville un resserrement budgétaire. L'année suivante, Georges Pompidou, devenu président de la République, dévalua le franc de 12,5 %. Avec la réévaluation du mark de 9 % effectuée la même année, il devenait possible pour la France d'accepter l'inflation tout en restant compétitive pendant quelques années. Les années de la présidence Pompidou se caractérisèrent par une inflation forte, de l'ordre de 6 % en moyenne annuelle, sans que celui-ci ne décidât la mise en œuvre d'un plan de stabilisation. La priorité était à l'expansion et au plein emploi.

6. Barre versus Chirac

Après l'antagonisme Faure-Pinay des années 1950 et le désaccord de Gaulle-Pompidou des années 1960 il y eut l'opposition Chirac-Barre des années 1970. Pour faire face à l'accélération de l'inflation (15 % en 1974) et au déficit extérieur, provoqués par le premier choc pétrolier, Valéry Giscard d'Estaing lança le plan Fourcade, basé sur des hausses d'impôts, le gel de certaines dépenses publiques et

---

[36] Dans les *Mémoires d'espoir*, le général de Gaulle expliqua qu'il imposa le plan de stabilisation de 1963 à Georges Pompidou. *Mémoires d'espoir. Tome 2. L'effort.* Page 212.
Georges Pompidou quant à lui exprima son désaccord avec ce plan de stabilisation de la façon suivante : « *Je me reproche encore la trop longue prolongation du plan de stabilisation en 1964 et la trop tardive accélération de l'expansion qui a suivi* ». Dans *Entretiens et discours. 1968-1974. Tome 1.* Page 251

un resserrement de l'encadrement du crédit. Par ailleurs le franc réintégrait le Serpent monétaire européen. Ce plan eut pour effet un certain ralentissement de l'inflation (12 % en 1975) mais se traduisit également par une récession et une hausse du chômage. L'année suivante, le Premier ministre Jacques Chirac engagea un plan de relance basé sur des mesures symétriques (baisses d'impôts, hausse de la dépense publique et desserrement du crédit) qu'il justifia par ce qu'il appela l'échec du plan Fourcade et des risques d'explosion sociale.

« *En dehors de circonstances exceptionnelles – et celles-ci l'étaient, d'une certaine manière, je ne crois pas que la rigueur soit une bonne réponse aux situations de crise. Je suis a priori plus sensible aux arguments de ceux qui veulent organiser la relance que de ceux qui préfèrent s'interdire toute initiative. Ma conviction naturelle est qu'il vaut mieux tout faire pour privilégier l'emploi et le pouvoir d'achat, parce qu'il s'agit du moteur même de l'économie. Bref, si je dois assumer l'ensemble des mesures voulues essentiellement par le chef de l'Etat et le ministre des Finances, il n'en est pas moins vrai que celles-ci ne correspondent pas à ce que j'estime utile et nécessaire pour le pays.*

En 1975, préoccupé par les risques d'explosion sociale liés à la montée du chômage, j'interviens en Conseil des ministres pour demander l'arrêt d'un plan d'austérité qui, selon moi, n'a pas donné les résultats attendus. Les entreprises ont besoin d'une relance, dis-je, même si certains technocrates ne songent qu'à freiner leurs investissements »[37]

---

[37] Jacques Chirac. *Mémoires. Tome 1. Chaque pas doit être un but.* Nil Editions. Paris. 2009. Page 186.

Ce plan de relance eut pour effet une moindre progression du chômage mais également un accroissement du différentiel d'inflation avec l'Allemagne et un retour du déficit extérieur. A partir de 1976, son successeur Raymond Barre renoua avec des plans d'austérité.

« *En effet, nous subissions en plein les conséquences du plan de relance de 1975 qui contredisait le plan d'austérité de l'été 1974. Une contradiction que j'avais baptisée « la politique de l'escarpolette ». Résultat : au mois de mars 1976, le franc était sorti du Serpent monétaire européen et il était très faible ; nos réserves de change avaient été sérieusement entamées ; la hausse des prix et des salaires était extrêmement rapide. L'Allemagne fédérale, notre principal partenaire et concurrent, avait prouvé qu'un mark fort n'hypothéquait ni la puissance industrielle, ni la capacité d'exporter dans le monde entier. Les capitaux affluaient, les dollars s'entassaient dans les caisses de la Bundesbank.*
A l'inverse, la Banque de France n'avait devant elle que des réserves qui couvraient à peine trois mois d'importations »[38]

Malgré les différences de situation entre les années 1970 et les années 1950 et 1960 qui résultaient de l'apparition de la stagflation (coexistence de chômage et d'inflation), le cadre d'exercice de la politique budgétaire restait le même. Les resserrements budgétaires n'avaient pas pour objectif l'équilibre budgétaire en soi mais la lutte contre l'inflation, les déficits extérieurs et le risque d'épuisement des réserves de change.

---

[38] Raymond Barre. *L'expérience du pouvoir. Conversations avec Jean Bothorel*. Fayard. 2007. Page 100.

==

Encadré 1.1. Politiques macroéconomiques et soldes publics[39]

Le graphique ci-dessous permet de repérer les effets sur les soldes publics des politiques macroéconomiques successives des années 1940 à la fin des années 1970.

Graphique 1.1. Soldes publics en France de 1947 à 1980 (En pourcentage du PIB)[40]

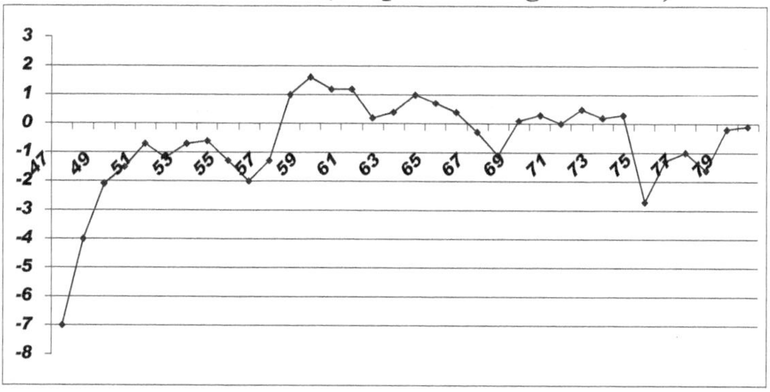

- Les déficits publics, très importants au sortir de la guerre, avaient été progressivement réduits au cours de la seconde moitié des années 1940. Ils étaient passés de 25 % du PIB en 1945 à 12 % en 1946 et 7 % en 1947 (L'année 1947 est la première année du graphique 1.1)
- Suite au plan Mayer ils atteignirent 2 % du PIB en 1949. Les comptes publics restèrent déficitaires, quoique de façon modérée, jusqu'en 1958.

---

[39] Ce graphique a été constitué à partir des données de l'INSEE pour la période allant de 1949 à 1980. Pour les années antérieures à 1949, nous utilisons les données de Jean-Pierre Patat et Michel Lutfalla. *Histoire monétaire de la France au XX° siècle*. Economica. 1986.

[40] Les soldes publics sont les soldes de l'ensemble des administrations publiques. Les données proviennent de l'INSEE.

- Avec le plan Gaillard de 1957 et le plan Pinay-Rueff de 1958, le solde public passa d'un déficit de 1,3 % du PIB en 1957 à un excédent de 1 % en 1958 et de 1,6 % en 1959.
- Le plan Giscard eut pour effet de faire passer l'excédent public de 0,4 % en 1963 à 1 % du PIB en 1964.
- La relance Debré se traduisit par des soldes publics négatifs en 1967 et 1968, respectivement de 0,3 % et 1,1 % du PIB. L'équilibre budgétaire fut retrouvé en 1969 et maintenu jusqu'en 1974.
- La récession de 1975 et la relance Chirac se traduisirent par un déficit public de 2,7 % du PIB.
- Les différents plans de stabilisation menés à partir de 1976 eurent pour effet de ramener les budgets publics à une situation de quasi-équilibre en 1979 et 1980 (des déficits respectivement de 0,2 % et 0,1 % du PIB)
- De 1949 à 1980, la moyenne annuelle des soldes publics correspond à un déficit public de 0,3 % du PIB.

Chapitre 2 : Contre la dette mais pour les déficits

« Dieu se rit des hommes qui déplorent les conséquences dont ils chérissent les causes »[41].

A partir des années 1980, le contenu du discours des dirigeants politiques sur les déficits publics se modifia. La référence à l'inflation disparut. Et c'est la dette publique qui fit son apparition en tant que problème. Après une période de transition pendant laquelle la référence à l'inflation et à la dette coexistèrent, la dette remplaça de façon définitive l'inflation dans le discours des dirigeants politiques. Le discours sur la dette cependant est marqué par une tension entre l'affirmation d'une position anti-dette et l'expression d'une position pro-déficit.

1. La dette au lieu de l'inflation

Au début des années 1980 eut lieu la relance Mauroy. Les soldes publics, proches de l'équilibre en 1979 et 1980, furent mis en déficit en 1981 (2,2 % du PIB) et en 1982 (2,8 % du PIB). Les déficits furent reconduits les années suivantes, et ceci de façon permanente jusqu'à nos jours. Par ailleurs, au début des années 1980, le second choc pétrolier avait provoqué un nouveau pic inflationniste (une inflation supérieure à 13 % en 1980 et 1981 et de l'ordre de 12 % en 1982).

C'est dans ce contexte que s'inscrivaient les prises de position de Raymond Barre, ancien Premier ministre et désormais l'un des leaders de l'opposition. Il reprochait au gouvernement d'une part l'ampleur des déficits publics et

[41] Citation attribuée à Bossuet

d'autre part leur mode de financement basé sur des avances de la Banque de France. Son discours reproduisait par conséquent la relation, habituelle à cette époque, entre déficits publics et inflation.

« *Nous avons appris récemment que le budget pour 1982 sera présenté avec un déficit de 95 milliards de francs (...) Même des emprunts à taux aussi avantageux que celui qui vient d'être émis, ne parviendront pas à financer le déficit, qui est, à lui seul, de l'ordre de grandeur du marché financier. Le Trésor n'aura donc d'autre issue que de recourir à la Banque de France, c'est-à-dire au financement par la monnaie (...) En fait le nouveau pouvoir a choisi l'inflation : cela veut dire, pour les mois qui viennent, une hausse des prix plus rapide, un déficit extérieur plus important, la dépréciation du franc, la baisse du pouvoir d'achat de la monnaie* »[42]

Pour le budget de l'année 1984 son discours se modifia. La dénonciation de l'ampleur des déficits publics était toujours là. Ce n'est cependant plus l'inflation qui était invoquée, mais la dette, avec des déficits désormais financés au moyen d'émissions de titres sur les marchés (emprunts à long terme et émissions de bons du Trésor)

« *La première (préoccupation) est la situation des finances publiques : le gouvernement ne parvient pas à maîtriser le déficit budgétaire, qui croît d'année en année. En 1984, celui-ci dépassera très largement le pourcentage de 3 % du PIB, fixé par le président de la République (...) Le déficit des finances publiques doit être financé par des emprunts à long terme et par des émissions de bons du Trésor, qui accroissent fortement la dette publique intérieure. La charge du service de la dette pèsera de plus*

[42] Raymond Barre. *Réflexions pour demain*. Hachette. 1984. Page 130.

en plus lourdement sur les budgets à venir, enlevant ainsi toute marge de manœuvre significative à la politique budgétaire »[43]

La distinction entre l'inflation et la dette dans le discours des dirigeants politiques était basée sur le type de financement des déficits publics. Le financement au moyen d'avances de la Banque de France, qualifié de financement monétaire, était considéré comme inflationniste, à l'inverse du financement par émission de titres. Avec le choix de la désinflation à partir de 1983, c'est le financement par émission de titres qui fut favorisé. On trouve un compte-rendu de cette évolution dans le livre d'économie rédigé en commun par François Hollande et Pierre Moscovici à partir de leurs cours donnés à l'IEP de Paris et qui portait sur la politique économique menée pendant les années 1980.

« *Enfin les techniques de financement ont évolué. Ainsi, en France, jusqu'en 1985, la couverture du déficit budgétaire faisait largement appel à des ressources monétaires. La part du financement monétaire du déficit budgétaire représentait encore 53 % en 1985. Les pouvoirs publics, dans le cadre d'une stratégie de désinflation, ont entendu limiter le caractère inflationniste d'un tel mécanisme et les risques d'éviction qu'il comportait. Ainsi assiste-t-on, à partir de 1986, à une évolution sensible des techniques de financement du déficit budgétaire. En 1986, le financement devient principalement obligataire, puisque la part du financement monétaire est réduite de moitié, tombant à 27,7 %* »[44]

---

[43] Raymond Barre. Idem. Page 108.

[44] François Hollande et Pierre Moscovici. *L'heure des choix. Pour une politique économique.* Editions Odile Jacob. Economie. 1991. Page 256.

A cet égard les années 1980 constituèrent une période charnière avec d'une part la fin de l'inflation et d'autre part le début du processus de hausse de la dette publique. Les différents plans de stabilisation des années 1940 aux années 1970 avaient eu pour effet de ralentir l'inflation pendant quelques années mais pas d'y mettre fin. C'est à partir de la fin des années 1980 que la désinflation devint définitive. Et c'est également au cours des années 1980 que commença le processus de hausse de la dette publique qui s'est poursuivi de façon ininterrompue jusqu'à nos jours.

==================================

Encadré 2.1. De l'inflation à la dette[45]

Graphique 2.1. Les taux d'inflation annuels de 1950 à 2015

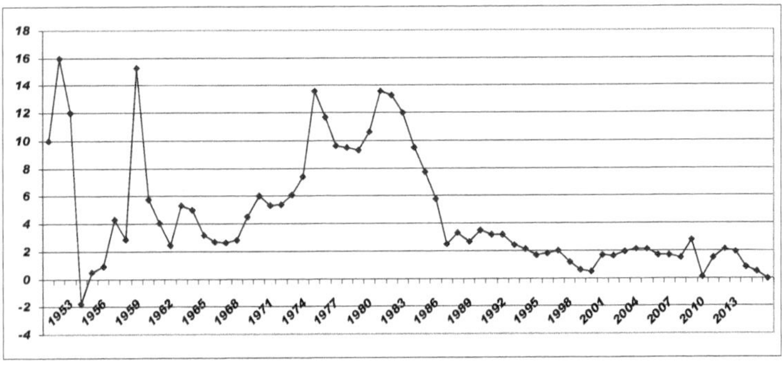

De 1990 à 2015 l'inflation annuelle moyenne fut inférieure à 1,5 %. Pour trouver dans l'histoire de France une période aussi longue d'inflation aussi faible, il faut remonter au XIXe siècle.

---

[45] Les données statistiques proviennent de l'INSEE.

Graphique 2.2. Niveau de la dette publique de 1980 à 2015 (En pourcentage du PIB)

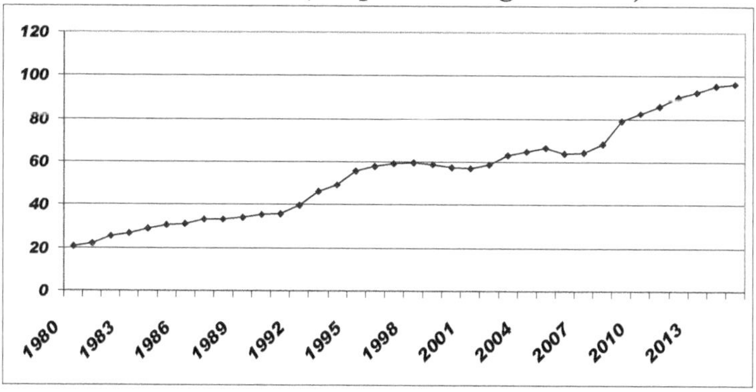

De 1980 à 2015 la dette publique est passée de 21 % à 96 % du PIB.

==================================

Les prises de position des dirigeants politiques reflètent cette évolution. A partir de la fin des années 1980, les références à l'inflation disparaissent. Le déficit est désormais associé de façon exclusive à la dette.

Cependant, la relation entre la dette et les déficits est posée sur le mode d'une tension entre un discours anti-dette d'une part et des prises de position en faveur des déficits publics d'autre part. Alors que les références à la dette sont effectuées sur un mode négatif et reflètent une inquiétude ou une désapprobation, le thème de la baisse des déficits provoque des objections importantes.

2. Un discours anti-dette

L'ensemble des prises de position des dirigeants politiques sur la dette relève d'un discours anti-dette. Les arguments utilisés sont variables. Mais l'opposition à la dette est générale. Le sentiment dominant est celui d'une inquiétude du fait de son augmentation.

Jacques Chirac. 1994.
« *Il faut veiller aux grands équilibres et je partage l'inquiétude de nos autorités monétaires à l'égard de l'évolution de l'endettement public de la France* »[46]

François Hollande. 2006.
« *Sans avoir atteint un seuil fatidique, notre endettement public ne s'en est pas moins considérablement aggravé. Fin 2007, on va sans doute arriver à 70 % de la richesse nationale* »[47]

Alain Juppé. 2011.
« *Si on prolonge les courbes de nos déficits et de nos endettements, on voit bien que la situation ne sera rapidement plus tenable (...) En pourcentage du produit intérieur brut, notre endettement est aujourd'hui de 80 %* »[48]

François Fillon. 2015.
« *Les évènements n'ont fait que renforcer ma conviction : le niveau de notre endettement est beaucoup trop élevé et*

---

[46] Jacques Chirac. *La France pour tous*. 1994. Nil Editions. Page 51.
[47] François Hollande. *Devoirs de vérité. Dialogue avec Edwy Plenel*. Stock. 2006. Page 263.
[48] Alain Juppé. *La politique telle qu'elle meurt de ne pas être. Un débat conduit par Bernard Guetta*. Editions Jean-Claude Lattès. 2011. Page 119-120.

pire encore, la dynamique vertigineuse de sa progression inspire toutes les craintes »[49]

Ce discours anti-dette est en général accompagné d'une présentation des effets négatifs de la dette.

La dette compromet l'avenir et constitue un fardeau pour les générations suivantes.

Jacques Chirac. 2007.
« *Un pays qui s'endette est un pays qui s'affaiblit et compromet son avenir* »[50]

François Fillon. 2015
« *D'un point de vue moral, la dette fait peser sur les générations futures un immense fardeau. Comment justifier qu'elles aient à payer la facture de nos imprévoyances* ? »[51]

La dette constitue une menace pour l'indépendance nationale

François Fillon. 2015.
« *D'un point de vue politique, la dette menace à terme notre indépendance. Si nous continuons à glisser sur cette pente, qui sait si nous ne devrons pas accepter sous la contrainte extérieure des mesures plus drastiques que celles que nous n'aurons pas eu la volonté de prendre par nous-mêmes ? Le jour où nous verrons des experts du FMI imposer leurs diktats à nos ministères et à nos*

[49] François Fillon. *Faire*. Albin Michel. 2015. Page 23.
[50] Jacques Chirac. *Mon combat pour la France. Textes et interventions*. Odile Jacob. 2007. Page 417.
[51] François Fillon. Idem. Page 24.

administrations, nous n'aurons plus que nos yeux pour pleurer »[52]

La dette freine l'activité économique.

Jacques Chirac. 2007.
« *Les déficits accumulés et l'importance de la dette publique ont détourné une part croissante de l'épargne au détriment de l'investissement créateur de richesses* »[53]

François Fillon. 2015.
« *D'un point de vue économique, la dette plombe notre activité et nos espoirs de croissance. Une part considérable de notre budget est dévouée au seul remboursement des intérêts de nos emprunts. Nous sommes entrainés dans un cercle vicieux qui nous empêche de desserrer la pression fiscale et pousse à l'augmenter, alors que notre économie a cruellement besoin d'oxygène* »[54]

Les dirigeants politiques socialistes participent également à ce discours anti-dette. Ils utilisent un discours anti-dette spécifique qui leur sert de marqueur identitaire à gauche. Ce discours a recours à une argumentation présentant la dette comme opposée aux politiques et aux valeurs de gauche et est ponctuée de formules du type « la *dette ennemie de la gauche* ». Les arguments centraux de ce discours sont d'une part la perte de marges de manœuvre pour l'action publique et d'autre part les effets antiredistributifs de la dette publique.

---

52 François Fillon. Idem. Page 23.
53 Jacques Chirac. Idem. Page 420.
54 François Fillon. Idem. Page 23.

La dette constitue une perte de marges de manoeuvre

Dominique Strauss-Kahn. 2002.
« Au demeurant, et pour un homme de gauche en tout cas, la dette publique est absolument insupportable. Elle l'est d'abord parce qu'elle limite la marge de manœuvre budgétaire (...) Ceux qui pensent que la politique budgétaire a un rôle à jouer, bref ceux qui ne veulent pas laisser le marché être le seul régulateur de l'économie, ne peuvent que déplorer cette contrainte et tenter d'en desserrer l'étau en diminuant la dette publique »[55]

Arnaud Montebourg. 2010
«L'enseignement que j'en tirai, c'est que la dette et la dépense incontrôlées sont les ennemis de l'action publique et de la réforme, et donc de la gauche. Finir paralysé ou contraint de faire une politique contraire à nos choix profonds est le résultat de l'absence de maîtrise des choix budgétaires et financiers »[56]

La dette a des effets antiredistributifs

Dominique Strauss-Kahn. 2002.
« Une autre raison justifie le combat contre la dette publique : cette dernière est à l'origine d'un transfert considérable entre contribuables et épargnants, transfert qui va au rebours de ce que la solidarité commande (...) Or les ressources qui permettent à l'Etat de payer les intérêts de sa dette viennent du budget général ; elles sont donc le produit de l'impôt supporté par tous. En caricaturant un peu, on pourrait dire qu'une part de la

---

[55] Dominique Strauss-Kahn. *La flamme et la cendre*. Grasset. 2002. Page 273.
[56] Arnaud Montebourg. *Des idées et des rêves*. Flammarion. 2010. Page 206-207.

TVA payée par le smicard sur sa baguette de pain va être reversée à des épargnants beaucoup plus fortunés que lui. Il y a là une aberration qui ne laisse pas de me choquer (...) La dette étant l'ennemie de la gauche, il est légitime que la gauche soit l'ennemie de la dette »[57]

Le recours à ce discours anti-dette permet aux dirigeants politiques de gauche de surpasser la droite sur le terrain de l'anti-dette et de lui retourner le reproche de laxisme budgétaire. Il constitue également, dans le cadre cette fois-ci d'un débat interne à la gauche, un marqueur d'authenticité de l'engagement « à gauche ».

Manuels Valls. 2010.
« *La dette quant à elle atteindra 1500 milliards d'euros en 2010 et dépassera donc 83 % du PIB (...) Et chaque année il (le budget de l'Etat) versait déjà, au titre des intérêts de cette dette, plus de 40 milliards d'euros (...) Ceux qui se déclarent ennemis du capital – j'en connais beaucoup parmi mes amis – sont souvent les plus prompts à recommander de creuser les déficits. Le paradoxe est qu'ils contribuent ainsi à engraisser les rentiers abhorrés* »[58]

Pierre Moscovici. 2013.
« *La dette, ennemie de l'économie, ennemie de la gauche. Je crois pour ma part que la dette est une ennemie qu'il faut combattre, et je ne comprends pas comment un homme de gauche peut être amoureux d'une dette (...) Qu'on me comprenne bien. Si je veux diminuer la dette, ce n'est pas pour faire la danse du ventre devant les marchés internationaux. C'est un choix de liberté et de*

---

[57] Dominique Strauss-Kahn. Idem. Page 274.

[58] Manuels Valls. *Pouvoir*. Stocks. 2010. Page 78.

souveraineté nationale : 1 euro de remboursement de dette publique en moins, c'est 1 euro d'investissement en plus dans les moyens d'une égalité réelle dans le pays, l'éducation en priorité »[59]

Ces prises de position contre la dette sont complétées en général de déclarations selon lesquelles il faut la réduire.

3. Le champion de l'anti-dette

C'est cependant Thierry Breton, qui fut ministre de l'Economie et des Finances de 2005 à 2007 après avoir été chef d'entreprise (président de Thomson de 1997 à 2002 et de France Telecom de 2002 à 2005) qui alla le plus loin dans ce discours anti-dette. Après avoir commandité le rapport Pébereau en 2005, il fit paraître en 2007 son propre livre sur la question, intitulé *Anti-dette*. Dans ce livre il mettait en scène son action de ministre de l'Economie et des Finances contre les déficits et la dette publics et indiquait la marche à suivre pour le futur. L'image qu'il donnait de lui était celle d'un ministre introduisant l'efficacité du secteur privé dans la gestion de l'Etat, en agissant en chef d'équipe n'hésitant pas à bousculer ses collaborateurs.

« La scène se passe dans mon bureau à Bercy, à l'été 2005. Les directeurs[60] *en question viennent m'expliquer, le visage fermé et le ton grave : «Monsieur le Ministre, nous n'arriverons jamais à tenir notre objectif de ramener le déficit public à 3 % du PIB cette année, il faut donc*

---

[59] Pierre Moscovici. *Combats. Pour que la France s'en sorte.* Flammarion. 2013. Page 155.

[60] Il s'agit des directeurs de la Direction du Budget et de la Direction générale du Trésor et de la politique économique.

indiquer publiquement que nous allons rater la cible de quelques dixièmes » (...) Suit une heure d'explications techniques démontrant (...) que le déficit public 2005 tournerait autour de 3,4 % du PIB, violant une nouvelle fois nos engagements européens les plus solennels. Silence. Regards interrogatifs des directeurs envers leur ministre (...) « Ce que vous me proposez, c'est de faire un « profit warning » pour la France, c'est bien ça ? Eh bien non, je n'en ai jamais fait comme chef d'entreprise, je ne commencerai pas à en faire comme ministre. Par la porte ou par la fenêtre, nous tiendrons nos objectifs. Mieux. Nous les dépasserons. Messieurs, rendez-vous dans trois jours avec une liste de propositions de mesures de redressement »[61]

Le déficit public, qui avait été de 3,6 % en 2004 fut ramené à 2,9 % en 2005 et à 2,3 % en 2006. Et pour la période 2005-2007, pendant laquelle il fut ministre, le montant officiel de la dette publique passa de 66 % à 64 % du PIB. Cette diminution fut cependant atteinte par des procédés de « comptabilité créative » consistant à réduire le volet de trésorerie de l'Etat.[62]

4. Un discours pro-déficit

Ce discours anti-dette ne s'accompagne cependant pas de déclarations d'une intensité équivalente contre les déficits publics. La majorité des dirigeants politiques développe un point de vue positif au sujet des déficits

---

[61] Thierry Breton. *Anti-Dette*. Plon. 2007. Page 41.

[62] Cf. Benjamin Lemoine. *Les valeurs de la dette. L'Etat à l'épreuve de la dette publique*. Thèse. 2011. Ecole nationale supérieure des mines de Paris. Benjamin Lemoine signale que la réduction du volet de trésorerie de l'Etat provoqua des résistances de la part des directeurs du ministère des Finances chargés de gérer la trésorerie.

publics. Ce point de vue positif repose sur l'idée selon laquelle les déficits publics seraient favorables à la croissance et à l'emploi. C'est de cette façon par exemple que Jacques Chirac justifiait l'assouplissement de la règle des 3 % du Pacte de stabilité et de croissance.

« *En septembre 2003, nos deux pays (la France et l'Allemagne) ont également trouvé un terrain d'entente pour assouplir le fonctionnement du pacte de stabilité qui limitait, selon les exigences du traité de Maastricht, le déficit budgétaire des Etats de l'eurozone à 3 % de leur PIB, et proposé ensemble à nos partenaires des règles moins contraignantes qui profiteraient à l'emploi et à la croissance* »[63]

Cette assimilation des déficits publics à la croissance et à l'emploi donne lieu chez les dirigeants politiques socialistes à un discours de délégitimation de l'équilibre budgétaire. Ils rejettent l'équilibre budgétaire au nom du refus du « fétichisme » et de « l'orthodoxie budgétaire ».

François Hollande et Pierre Moscovici. 1991.
« *Pour ce qui est de la France, le solde actuel est peut-être encore dans l'absolu légèrement trop élevé, compte tenu d'un endettement qui reste préoccupant (...) mais il serait très excessif de prétendre qu'il est insupportable et de sacrifier la croissance et la justice du partage social à une volonté, très artificielle, de réduire sans arrêt le déficit budgétaire. Ce fétichisme-là, dénué de*

[63] Jacques Chirac. *Mémoires. Tome 2. Le temps présidentiel*. Nil Editions. Paris. 2011. Page 526.

justification économique, ne va pas sans danger politique »[64]

Dominique Strauss-Kahn. 2002.
« *L'autre rupture est moins visible, mais certainement plus profonde : il s'agit de renoncer à l'orthodoxie budgétaire en vigueur depuis le début des années 1980, selon laquelle la politique budgétaire, tout comme la politique monétaire, doit relever toujours davantage du pilotage automatique (...) Thèse simple, thèse pauvre. Je n'ai rien contre les règles de bon sens, mais je défends fermement l'idée qu'il y a parfois de bons déficits publics (...) Vertu budgétaire ne rime pas toujours avec abstinence »*[65]

On trouve un discours analogue chez Lionel Jospin. Dans un livre paru en 1991, intitulé *L'invention du possible*, il consacrait un chapitre entier à s'interroger sur la possibilité de mener des politiques économiques de gauche, qu'il assimilait à des politiques keynésiennes. Il expliquait qu'après la seconde guerre mondiale, dans l'ensemble des pays industrialisés, la pensée économique dominante aurait été de gauche, même sous les gouvernements de droite, alors que depuis les années 1980, la pensée économique dominante serait à droite, y compris sous les gouvernements de gauche, la France à partir de 1983 ne faisant que suivre une évolution générale. Il mettait cette mutation sur le compte de ce qu'il appelait « la nouvelle orthodoxie » basée sur l'abandon des objectifs de croissance et de plein-emploi au profit

---

[64] François Hollande et Pierre Moscovici. *L'heure des choix. Pour une politique économique*. Editions Odile Jacob. Economie. Novembre. 1991. Page 262-263.
[65] Dominique Strauss-Kahn. *La flamme et la cendre*. Grasset. 2002. Page 270.

d'objectifs d'ordre financier et monétaire : stabilité des prix et de la monnaie, taux d'intérêt, compétitivité, libre-échange.[66]

Dans un nouveau livre paru en 2005, intitulé *Le monde comme je le vois*, il reprenait cette analyse, construite sur l'opposition entre des objectifs considérés à la fois comme keynésiens et de gauche (croissance, emploi, hausse des salaires, redistribution etc…) et des objectifs d'ordre financier et monétaire, dont ferait partie l'équilibre budgétaire.

« *Alors que, pendant les « trente Glorieuses », les priorités étaient la croissance, l'emploi, les salaires, la redistribution, dans les deux décennies qui suivent les premiers chocs pétroliers, la primauté va à la lutte contre l'inflation, à l'équilibre budgétaire, aux taux d'intérêt et aux profits. Sur ces nouveaux objectifs, la plupart des gouvernements, la Commission européenne, les banques centrales et bon nombre d'économistes – surtout ceux qui sont liés aux milieux d'affaire – s'entendent* ».[67]

Ce refus de l'orthodoxie et du fétichisme constitue le cœur du discours keynésien sur la politique budgétaire. On se souvient qu'il caractérisait déjà le discours de Pierre Mendès-France à la fin des années 1940.[68] En période d'inflation cependant, il préconisait l'équilibre budgétaire (et même le suréquilibre pour reprendre son vocabulaire) non pas au nom de l'orthodoxie budgétaire mais en vertu de la conception keynésienne de la politique budgétaire.

---

[66] Lionel Jospin. *L'invention du possible*. Flammarion, 1991.
[67] Lionel Jospin. *Le monde comme je le vois. Le débat*. Gallimard. 2005. Page 110.
[68] Cf. page 14 du présent ouvrage pour le discours de Pierre Mendès-France à ce sujet.

Avec la fin de l'inflation, le refus de l'orthodoxie budgétaire revient à justifier les déficits publics en permanence. A cet égard, la dette publique ne produit pas chez les dirigeants politiques des incitations à réduire les déficits publics équivalentes aux incitations produites par l'ancienne inflation. Elle constitue certes un motif d'inquiétude, essentiellement pour le futur, mais pas au point que cette inquiétude ne donne lieu à un discours prônant la réduction des déficits publics. La fin de l'inflation a fortement modifié le rapport des dirigeants politiques aux déficits publics.

Par ailleurs, le discours considérant que les années 1980 auraient vu le triomphe de l'orthodoxie budgétaire a de quoi surprendre, dans la mesure où c'est justement à partir de ces années-là que les déficits publics sont devenus permanents. En fait ce n'est pas l'orthodoxie budgétaire qui l'a emporté au cours des années 1980 mais l'orthodoxie monétaire, basée sur la priorité accordée à la stabilité de la monnaie. Et cette victoire de l'orthodoxie monétaire s'est produite dans le cadre d'une dissociation entre la politique budgétaire, qui a conservé ses références keynésiennes, du moins en apparence, et la politique monétaire, qui est devenue monétariste. Les chapitres 3 et 4 rendent compte des choix politiques ayant conduit à cette orientation.

Chapitre 3 : L'Europe pour mettre fin à l'inflation

« Au fond, les réformes structurelles qui sont indispensables à notre pays ont besoin d'un aiguillon. Et il n'en est de meilleur que celui de la construction européenne qui dépasse les clivages politiques et qui, parce qu'elle s'inscrit dans le sens de l'histoire, finit par recueillir le soutien d'une vaste partie de l'opinion publique » [69]

Nous avons vu au chapitre précédent que l'inflation a été remplacée par la dette publique dans le discours des dirigeants politiques sur les déficits publics et que cette substitution coïncide avec la fin effective de l'inflation. Le chapitre présent a pour objet de montrer les logiques qui furent à l'œuvre dans les choix politiques à l'origine de la fin de l'inflation. L'examen des prises de position des dirigeants politiques permet de mettre en évidence la relation entre la volonté de lutter contre l'inflation et le choix de l'Europe. Cette relation existe depuis les années 1960 et elle fut reprise à partir de 1983 par les dirigeants socialistes. Cette relation constitue le fil rouge permettant de rendre compte de l'ensemble des décisions de politique monétaire prises à partir de la fin des années 1970 : mise en place du Système monétaire européen en 1979, choix de la désinflation et refus de « l'autre politique » en 1983, politique du franc fort à partir de la fin des années 1980, choix de l'euro à partir des années 1990.

---

[69] Edmond Alphandéry. *La réforme obligée. Sous le soleil de l'euro.* Grasset 2000.

1. Le choix de l'Europe

Il existait au cours des années 1960 en France une analyse sociopolitique de l'inflation considérant celle-ci comme relevant d'un « mal français ». Selon cette analyse, l'inflation, associée à la dévaluation et au protectionnisme, était assimilée à la voie de la facilité et de la faible performance. Et la guérison de ce mal passait par l'ouverture à l'extérieur, qui, en obligeant l'économie française à effectuer des efforts d'adaptation, devait lui permettre d'atteindre la compétitivité et la stabilité des prix.

Le point de vue de Raymond Barre, qui de 1959 à 1962 fut directeur de cabinet du ministre de l'Industrie Jean-Marcel Jeanneney, constitue une illustration de cet état d'esprit. C'est dans cette perspective qu'il interprétait le troisième volet du plan Pinay-Rueff de 1958, qui instituait la libéralisation des échanges et la fin du contrôle des changes. Selon lui, le général de Gaulle, ainsi que Michel Debré, qui par ailleurs n'étaient pas favorables à une Europe supranationale, s'appuyaient sur les dispositions du traité de Rome sur la libre concurrence pour contraindre l'économie française à passer d'une logique protectionniste et inflationniste à une logique de compétitivité et de maîtrise des prix.

« *En réalité personne, alors, n'avait dans l'esprit que le général de Gaulle voulait libérer la France d'un système qui était anticoncurrentiel (...) Dans les 6 mois qui suivent mai 1958, sur la base du rapport Rueff, il a pris les principales mesures de sa politique d'adaptation (...) Il abandonnait surtout le triptyque jusque-là si caractéristique de notre politique économique : inflation, protection, dévaluation. Il lui substituait un nouveau triptyque : maîtrise des prix, libération des échanges, stabilité de la monnaie (...) les coups de frein venaient surtout du ministère de l'Economie et des Finances et du CNPF* »[70]

Quel que soit le point de vue que l'on peut avoir sur l'analyse de Raymond Barre quant aux objectifs de la politique économique du général de Gaulle, force est de constater que la France connut une relative stabilité monétaire pendant la plus grande partie des années 1960.[71]

On retrouve le témoignage de Raymond Barre pour la fin des années 1960. En 1968, il conseilla au général de Gaulle de ne pas dévaluer le franc. Par ailleurs, en tant que vice-président de la Commission européenne, chargé de l'Economie et des Finances, poste qu'il occupa de 1967 à 1973, il fut à l'origine d'une série de mémoranda ayant pour objectif l'institution d'une coopération monétaire entre les pays du Marché commun.[72] Ces différents projets correspondaient à une volonté d'organisation monétaire entre ces pays alors que le système de Bretton Woods était sur le point de prendre fin. Mais dans l'esprit de Raymond Barre, il s'agissait également de mettre en place un système devant contraindre la France à une faible inflation, à une époque où celle-ci connaissait un début d'accélération.[73]

---

[70] Raymond Barre. *L'expérience du pouvoir. Conversations avec Jean Bothorel*. Fayard. 2007. Page 38.

[71] De 1959 à 1967, le différentiel d'inflation entre la France et l'Allemagne fut faible (une inflation moyenne de 3,8 % en France contre 2,4 % en Allemagne). Et en 1966 ainsi qu'en 1967, l'inflation fut légèrement plus faible en France qu'en Allemagne.

[72] Les trois mémoranda de Raymond Barre furent publiés respectivement en février 1968, février 1969 et octobre 1969. Le troisième mémorandum fut à l'origine du plan Werner, qui prévoyait une Union économique et monétaire à l'horizon 1980. Cf. Raymond Barre. *L'expérience du pouvoir. Conversations avec Jean Bothorel*. Fayard. 2007

[73] Le mémorandum de février 1969 prévoyait une concertation permanente des pays du Marché commun en matière de politique

« De Bruxelles, j'observais la vulnérabilité de notre pays (...) Les Allemands, fidèles sur le terrain politique, se méfiaient de nous sur le terrain économique. Leurs conceptions étaient à l'opposé des nôtres. Chez nous, toujours le triptyque : croissance inflationniste, protection, dévaluation. Chez eux une croissance associée à un mark fort et stable, pas de protectionnisme depuis Ludwig Erhard (...) J'avais compris qu'une monnaie forte est le meilleur moyen d'obliger les chefs d'entreprise à s'adapter. Quand ils ne peuvent plus compter sur un ballon d'oxygène – la dévaluation – ils deviennent très attentifs à leur compétitivité. Mon mémorandum sur la coopération monétaire répondait à ces observations »[74]

Selon Raymond Barre, le départ du général de Gaulle en avril 1969 entraîna l'échec de ces projets. Et il désapprouva la dévaluation du franc de 1969

« La décision de Pompidou fut mal accueillie à Bruxelles (...) C'est-à-dire que le franc s'était déprécié de 21,5 % (les 9 % de l'Allemagne venaient s'ajouter à nos 12,5 %) par rapport au mark, ce qui allait une fois de plus accoutumer nos chefs d'entreprise à compter sur une sous-évaluation du franc par rapport au mark et aux monnaies liées à ce dernier. Ce fut le départ d'une longue période inflationniste »[75].

Et Raymond Barre de poursuivre avec ses souvenirs au poste de vice-président de la Commission européenne et l'évocation de ses désaccords avec l'orientation prise par Georges Pompidou.

---

conjoncturelle et demandait qu'ils se donnent un objectif commun de taux d'inflation. Cf. Raymond Barre. Idem. Page 59.

[74] Raymond Barre. Idem. Page 61.

[75] Raymond Barre. Idem. Page 61.

« *Georges Pompidou estimait qu'il fallait accepter l'inflation pour éviter le chômage. Au dernier Conseil européen des ministres auquel j'ai participé, en 1972, j'expliquai que les tensions inflationnistes s'accéléraient dangereusement. Les gouvernements devaient prendre garde, déclarai-je, au déclenchement d'une inflation généralisée. Un seul ministre m'appuya : Helmut Schmidt, alors ministre des Finances allemand. Il succédait à Karl Schiller. Monsieur Giscard d'Estaing se tut. Il avait des instructions de Pompidou et les appliquait le doigt sur la couture du pantalon. Il ne voulait pas non plus perdre une seconde fois les Finances, et il ménageait son avenir* »[76]

Valéry Giscard n'a malheureusement pas laissé d'écrits sur ces évènements. Le désaccord entre le général de Gaulle et Georges Pompidou au sujet du plan de stabilisation de 1963 lui avait coûté en janvier 1966 son poste de ministre de l'Economie et des Finances.[77] Sa position sur ces questions semblait en fait assez flexible. De 1974 à 1976 il avait approuvé de façon successive le plan de stabilisation Fourcade, la relance Chirac puis le plan de stabilisation Barre. Et en 1979, avec la mise en place du Système monétaire européen, ce fut le retour de la stratégie consistant à s'appuyer sur l'Europe pour rechercher la stabilité de la monnaie.

On constate chez les dirigeants politiques socialistes à partir de 1983 des raisonnements analogues à ceux de Raymond Barre. Ils associent le choix de l'Europe, et le maintien du franc dans le Système monétaire européen, à

---

[76] Raymond Barre. Idem. Page 62.

[77] Le général de Gaulle avait reproché à Valéry Giscard d'Estaing d'avoir trop tardé, en 1963, à mettre en place le plan de stabilisation. Et en 1965, Georges Pompidou lui avait reproché de l'avoir prolongé de façon excessive. Cf. sur ce point le témoignage de Michel Debré. Référence citée. Page 61.

l'abandon des politiques basées sur l'inflation et les dévaluations. Et ils assimilent cette orientation à une évolution salutaire de la culture économique française.

Jacques Delors. 1994.
« *Le fait que, de 1982 à 1994, se soit peu à peu acclimatée en France l'idée qu'on ne résoudrait pas nos problèmes en jouant d'une monnaie fondante et de dévaluations compétitives, constitue un changement culturel et me parait un progrès vital. Il a été réalisé grâce à la présidence de François Mitterrand. De même, la mentalité générale des chefs d'entreprise, en France, est devenue beaucoup moins protectionniste, beaucoup moins dépendante des interventions ponctuelles de l'Etat. Il y a là aussi une mutation positive* »[78]

Ce raisonnement est parfois étendu aux critères de convergence du traité de Maastricht. Mais la logique est la même. Ce sont les engagements européens de la France qui auraient permis de rompre avec les vieilles habitudes d'inflation et de dévaluation.

Dominique Strauss-Kahn. 2002.
«*Les efforts produits pour satisfaire aux critères de Maastricht ont assaini nos économies, les finances publiques ont été mieux gérées, et l'inflation a reculé. Pour se comparer aux autres et rester dans la course, les différents candidats ont dû faire d'heureux efforts de compétitivité et renoncer aux grosses ficelles de la politique économique de jadis. Je pense en particulier aux tours de passe-passe monétaires, illustrés notamment par le recours périodique à la dévaluation sur lequel s'accordaient, en France par exemple, les dirigeants*

---

[78] Jacques Delors. *L'unité d'un homme. Entretiens avec Dominique Wolton*. Editions Odile Jacob. 1994. Page 164.

politiques à qui elle épargnait des mesures parfois impopulaires, les chefs d'entreprise qui y trouvaient une compétitivité factice face à l'exportation, et les syndicalistes qui voyaient dans l'inflation subséquente une façon simple de résoudre les conflits liés au partage de la valeur ajoutée »[79]

Ces prises de position permettent de rendre compte de la politique de désinflation suivie par les gouvernements socialistes à partir de 1983.

2. La politique du franc fort

Parmi les prises de position en faveur de la désinflation, la politique du franc fort du début des années 1990 occupe une place particulière. A l'époque où elle était menée, elle apparaissait, du point de vue de ses partisans, comme la poursuite de la politique de désinflation menée à partir de 1983 et comme le passage obligé vers la monnaie unique.

Pour comprendre cette politique, qui a été fortement décriée, il est nécessaire de remonter au début de la politique de désinflation telle qu'elle fut menée à partir de 1983. Dans un premier temps, l'objectif de la politique de désinflation était de ramener l'inflation française au niveau de l'inflation allemande. Cependant, tant que l'inflation française, bien qu'en diminution, restait plus forte que l'inflation allemande, il y eut de nouveaux ajustements monétaires au sein du Système monétaire européen, en 1986 (réévaluation du mark de 3 % et dévaluation du franc de 3 %) et en 1987 (réévaluation du mark de 3 %). C'est à la fin des années 1980 que le différentiel d'inflation entre la France et l'Allemagne

---

[79] Dominique Strauss-Kahn. *La flamme et la cendre*. Grasset. 2002. Page 192-193.

disparut et que la politique de désinflation dans sa première version prit fin.

Graphique 3.1. Evolution de l'inflation en France et en Allemagne de 1979 à 1991[80]

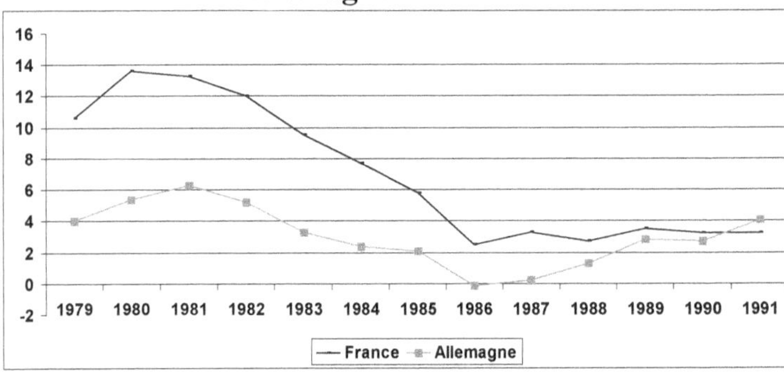

Avec la fin de l'inflation se posait cependant désormais le problème du niveau élevé des taux d'intérêt réels. En effet, les taux d'intérêt à long terme étaient plus élevés en France qu'en Allemagne, en raison d'une moindre confiance dans la stabilité du franc que dans celle du mark. C'est pour compenser ce défaut de crédibilité que Pierre Bérégovoy, ministre de l'Economie et des Finances à partir de 1988, engagea la politique du franc fort. Il s'agissait de convaincre les marchés financiers du caractère irréversible de la désinflation et du fait qu'il n'y aurait plus de dévaluation du franc. Pour compenser cette moindre confiance dans le franc, la Banque de France devait fixer ses taux directeurs à un niveau plus élevé que les taux directeurs de la Bundesbank (la Banque centrale allemande). L'idée était en quelque sorte de pratiquer des taux d'intérêt élevés dans le présent (gage de la volonté politique de maintenir la parité du franc par rapport au mark) pour pouvoir bénéficier d'une baisse des taux longs dans le futur.

[80] Les données statistiques proviennent de l'OCDE.

Cette politique fut contrariée à partir de 1990 par la réunification allemande. Du fait de l'augmentation des salaires dans l'ancienne Allemagne de l'Est, l'Allemagne réunifiée connut une hausse de la demande et un début d'inflation, à laquelle la Bundesbank répondit par une hausse de ses taux directeurs. En France en revanche, l'inflation était faible (désormais plus faible qu'en Allemagne) et l'économie était en phase de ralentissement. Une politique monétaire adaptée à la situation interne de la France aurait consisté en une baisse des taux directeurs. Or la Banque de France les augmenta pour maintenir la parité du franc par rapport au mark.

Au bout du compte, malgré la spéculation contre le franc qui amena la Banque de France à procéder de façon successive à plusieurs hausses de ses taux directeurs, la parité du franc par rapport au mark put être maintenue, mais au prix d'une récession et d'une forte augmentation du chômage. Et le double effet de la récession et du niveau élevé des taux d'intérêt réels se traduisit par une hausse de la dette publique de près de 20 points de 1990 à 1995 (elle passa de 35 % à 55 % du PIB). Ce n'est qu'avec la mise en place effective de l'euro que les taux d'intérêt réels baissèrent de façon sensible.

Cette politique provoqua l'apparition de nouveaux clivages et de profondes divisions, aussi bien à droite qu'à gauche. Bien qu'elle fût en général associée au nom de Pierre Bérégovoy, qui en fut l'initiateur, cette politique était également soutenue par des personnalités de l'opposition, dont par exemple Raymond Barre

« *Comme M. Rocard était à Matignon, que M. Bérégovoy était ministre de l'Economie et des Finances, j'avais moins de préventions à l'égard de la politique du nouveau gouvernement. En effet, j'ai toujours eu beaucoup d'estime pour Rocard ainsi que pour Bérégovoy avec lequel je prendrai de temps à autre un petit déjeuner pour échanger nos vues. Je le soutiendrai dans sa politique du franc fort conduite par Jean-Claude Trichet, que Chirac démolira de façon systématique* »[81]

Et à partir de 1993, elle fut reprise à son compte par Edouard Balladur, Premier ministre de la seconde cohabitation sous François Mitterrand

« *En juillet survint la crise monétaire (...) La majorité était divisée. L' « autre politique » proposait de laisser filer le franc, donc de décrocher du mark (...) J'entendais préserver le franc, consolider le Système monétaire européen, diminuer les taux d'intérêt, et réduire les déficits, le tout pour retrouver l'activité (...) Les spéculateurs ont commencé à jouer contre le franc et d'autres monnaies, telle la couronne danoise. Pour être clair, on voulait abattre le Système monétaire européen, le SME. C'est une très vieille affaire (...) Souvenons-nous de la crise de 1983* »[82]

En réactivant l'expression « autre politique » qui avait été utilisée en 1983 pour désigner les partisans de la sortie du franc du Système monétaire européen, Edouard Balladur inscrivait son action dans la lignée de la politique de désinflation engagée à partir de cette date.[83] Par ailleurs il accréditait l'idée d'une attitude de résistance face aux offensives menées par les tenants de cette «autre politique », dans un contexte de tensions, alimentées par la

---

[81] Raymond Barre. Idem. Page 258.

[82] Edouard Balladur. *Deux ans à Matignon*. Plon. 1995. Page 89.

[83] Pour l'utilisation de l'expression « autre politique » en 1983, cf. Pierre Mauroy. *Vous mettrez du bleu au ciel*. Plon. 2003. Pages 263 à 271.

crise du Système monétaire européen de 1992-1993[84], la spéculation contre le franc ainsi que par le débat sur la monnaie unique (échec du Oui au référendum danois, courte victoire du Oui en France). Dans ce contexte, céder sur le franc fort semblait signifier la fin du projct de monnaie unique et la remise en cause de 10 années de politique de désinflation.

Edouard Balladur met sa rupture avec Jacques Chirac sur le compte de désaccords sur cette question.

« *Mon objectif (...) était de maintenir la stabilité de notre monnaie et de réduire les déficits (...) Dans le même temps, certains insistaient sur la nécessité de cette « autre politique ». Elle combine si j'ai bien compris, dévaluation et déficits accrus (...) Ma position était parfaitement claire. J'ai demandé à Jacques Chirac de vive voix, et par une lettre, de dire qu'il la soutenait. Il ne l'a pas fait. Au cours d'un déjeuner de la majorité (...) le 19 juillet 1993, il m'a reproché, et la presse l'a su, de mener une politique identique à celle de Pierre Bérégovoy* »[85]

On retrouve cette conception d'un clivage fondamental entre les partisans du franc fort et de la monnaie unique d'une part et les tenants de l'autre politique d'autre part chez les dirigeants politiques socialistes, l'autre politique étant présentée par eux comme un legs de la France du passé, qui, bien que revenant de façon régulière à la charge, serait en train de disparaître.

---

[84] En 1992, un grand nombre de monnaies du Système monétaire européen le quittèrent ou furent dévaluées : livre-sterling, lire, peseta, escudo, couronne suédoise. En 1993, pour faire face à la poursuite de la spéculation, les dirigeants européens décidèrent d'élargir les marges de fluctuation dans le Système monétaire européen à plus ou moins 15 % autour du cours pivot.

[85] Edouard Balladur. Idem. Page 90.

Jacques Delors. 1994.
« Ce qui est nouveau en France, et il faut s'en réjouir, c'est la possibilité de grands débats démocratiques, lors des campagnes électorales, tout en ayant un socle de positions communes, de bons sens. Ce fonds commun, en matière économique, est une monnaie stable et une économie ouverte. Cela me semble acquis. Bien sûr, les partisans d'une autre politique, qu'ils se recrutent à gauche ou à droite, mènent régulièrement des offensives. La dernière a eu lieu en août 1993, après la secousse qui a marqué le Système monétaire européen. Il ne s'agit pas du tout d'une dispute conjoncturelle, mais d'une question de principe. L'exception française, dans ce domaine, est en train de disparaître. Tant mieux »[86]

Cette volonté d'extraire la question monétaire du champ du débat politique provoqua en retour l'apparition des expressions de « pensée unique » ou de « débat interdit » utilisées par ceux qui refusaient la logique de ce soi-disant consensus.[87]

3. Des politiques alternatives

Une autre politique était-elle possible ? Une première option aurait pu consister à accepter une réévaluation du mark, qui avait été proposée en 1989 par les dirigeants allemands. Une telle option aurait permis de mener une politique monétaire adaptée à la situation interne de la France et d'éviter, ou du moins d'atténuer, la récession de 1993. Selon l'économiste Jean-Pierre Fitoussi, qui présidait l'Observatoire français des conjonctures

---

[86] Jacques Delors. Idem. Page 165.
[87] L'inventeur du concept de « pensée unique » fut Jean-François Kahn, avec son livre paru en 1996 et qui porte ce titre. Le « débat interdit » est le titre d'un livre de Jean-Pierre Fitoussi, paru en 1995.

économiques (OFCE), une modification de la parité du franc par rapport au mark n'aurait pas entamé la crédibilité de la politique économique menée par la France dans la mesure où elle aurait été interprétée comme une réaction adaptée à une situation exceptionnelle (la réunification allemande) et non comme un retour par la France aux facilités du passé représentées par le couple dévaluations-inflation.[88]

De nombreux hommes politiques prirent position contre cette politique du franc fort. Mais parmi les dirigeants politiques dont nous avons analysé les écrits, le seul à avoir exprimé de façon explicite un désaccord avec cette politique au moment où elle était menée fut Alain Madelin.[89] Son point de vue correspondait à une critique libérale de la politique du franc fort. Il tranchait avec la configuration habituelle du clivage sur cette question, basée sur l'opposition entre les partisans de l'ouverture à l'extérieur (dont faisaient partie les partisans du franc fort et de la monnaie unique) et les défenseurs du rôle de l'Etat face à une ouverture considérée comme excessive (qui développaient une thématique antilibérale basée sur un discours d'opposition à la mondialisation et aux marchés financiers). La critique effectuée par Alain Madelin de la politique du franc fort invoquait le point de vue de l'extérieur (les dirigeants politiques ou économiques en Allemagne, de nombreux économistes internationaux, les

[88] Jean-Pierre Fitoussi. *Le débat interdit*. Arléa. 1995.

[89] Alain Madelin fut ministre de l'Economie et des Finances dans le gouvernement Juppé de juin à août 1995. C'est à ce titre que nous le faisons figurer dans la catégorie des dirigeants politiques. A l'époque de la politique du franc fort, il était député UDF. En ce qui concerne Jacques Chirac, celui-ci fut accusé aussi bien par Raymond Barre que par Edouard Balladur de s'être opposé à la politique du franc fort. Dans ses livres cependant, Jacques Chirac n'a pas exprimé d'opposition explicite à la politique du franc fort.

institutions internationales, les marchés financiers) pour justifier un décrochage du franc par rapport au mark.

« C'est effectivement à partir de cette analyse qu'au lendemain de la réunification allemande j'ai proposé, à contre-courant de l'opinion dominante de l'époque, une autre politique monétaire. Il était clair, en effet, à mes yeux, que la réunification allait nécessairement entraîner en Allemagne surchauffe et inflation (...) J'ai alors proposé que le Mark se mette en congé du SME (le Système monétaire européen). Une opinion partagée par bon nombre de mes amis, dirigeants politiques ou économiques en Allemagne, mais refusée à l'époque par le gouvernement socialiste (...) En 1992, j'ai tiré à nouveau le signal d'alarme sur les risques qu'encouraient le Système monétaire européen et la France du fait de cette situation (...) Je redoutais l'étouffement de notre économie par des taux d'intérêt réels records (...) J'ai donc proposé de détacher provisoirement le franc du mark, sous une forme ou une autre, afin de pouvoir baisser les taux d'intérêt en France (...) Progressivement, de nombreux économistes internationaux, les institutions internationales ainsi que les marchés financiers ont partagé cette thèse »[90]

Le point de vue d'Alain Madelin correspondait à la doctrine de l'économiste libéral américain Milton Friedman, chef de file du courant monétariste, favorable à des banques centrales indépendantes et à des politiques de stabilité des prix, mais qui en matière de taux de change préconisait des changes flexibles. Sur la question de la modification de la parité du franc par rapport au mark, la position libéralo-flexible d'Alain Madelin était la même

---

[90] Alain Madelin. *Quand les autruches relèveront la tête*. Robert Laffont. 1995.

que celle de Jean-Pierre Fitoussi, d'orientation keynésienne. Elle était en phase avec la position de nombreux économistes américains ou travaillant aux Etats-Unis.[91]

Une autre option aurait pu consister à faire participer l'ensemble des pays de l'Union européenne au financement de la réunification allemande. Cette option aurait épargné à l'Allemagne les tensions inflationnistes et par conséquent une augmentation de ses taux directeurs. Selon Raymond Barre, cette option aurait été proposée par Jacques Delors à Helmut Kohl qui l'aurait refusée, estimant que la réunification était une affaire interne à l'Allemagne.

« *Beaucoup des difficultés actuelles de l'Allemagne viennent de là. Kohl, qui ne pouvait pas agir autrement, a accepté un mark unique et enclenché l'égalisation des revenus. La première conséquence ne s'est pas fait attendre : l'inflation, ce qui a obligé la Bundesbank à augmenter ses taux d'intérêt, augmentation qui a freiné l'activité économique (...) Jacques Delors, président de la Commission européenne, avait émis une proposition intéressante : que l'Union européenne aide l'ex-RFA à amortir le coût de la réunification. A Bonn, les dirigeants ne le souhaitaient pas. C'était leur problème. D'autre part, leurs partenaires de l'Union européenne n'étaient*

[91] Cf. par exemple l'article collectif publié dans le Financial Times du 29 juillet 1993 par Olivier Blanchard, Rüdiger Dornbusch, Stanley Fischer, Paul Samuelson et Robert Solow et ayant pour titre « *les raisons pour lesquelles le Système monétaire européen mérite d'être enterré rapidement* ». Les auteurs de cet article mettaient en cause le refus de procéder à des ajustements monétaires au sein du Système monétaire européen. Et ils expliquaient le niveau record atteint par le chômage par ce refus. Ils conseillaient à la France de baisser fortement ses taux d'intérêt et de laisser flotter le franc.

pas disposés à donner de l'argent et, d'ailleurs ils avaient peu à offrir ».[92]

Le recul du temps a progressivement permis l'apparition de positions plus nuancées sur cette question chez d'anciens partisans du franc fort. C'est ainsi qu'Edmond Alphandéry, qui avait été ministre de l'Economie et des Finances de 1993 à 1995 dans le gouvernement d'Edouard Balladur, exprima a posteriori des doutes sur le bien-fondé de cette politique dans un livre publié en 2000.

« *Pour amortir ces chocs, nous aurions dû, selon certains, au début des années 90, soit dévaluer le franc, soit obtenir une réévaluation du mark par rapport aux autres monnaies du Système monétaire européen (...) Il est toujours hasardeux de refaire l'histoire. Mais il est vrai qu'un réexamen des parités du Système monétaire européen pouvait se justifier. Aurions-nous alors évité les crises à répétition de 1992-1993 ? Sans doute. Quant à nous protéger de la hausse des taux d'intérêt, cela eût été possible, mais sans certitude (...) La Grande-Bretagne, après avoir choisi de laisser flotter sa monnaie en août 1992, n'a pas connu de détente de son loyer de l'argent. Au contraire, ses taux d'intérêt sont toujours restés, depuis cette date, à un niveau comparable et même souvent supérieur aux nôtres* »[93]

On trouve une prise de distance analogue chez Nicolas Sarkozy qui de 1993 à 1995, avait été ministre du Budget dans le gouvernement d'Edouard Balladur.

---

[92] Raymond Barre. Idem. Page 285.

[93] Edmond Alphandéry. *La réforme obligée. Sous le soleil de l'euro.* Grasset 2000. Page 82.

« Ce cercle vicieux du chômage, de la taxation du travail et de la dépense publique (...) a été amplifié par la politique monétaire des années 1990 qui avec ses taux d'intérêt exorbitants et son cours de change surévalué a pénalisé l'investissement (...) fait exploser le chômage et provoqué la récession (...) Si au début des années 1990 la France avait pratiqué la même politique monétaire que l'Angleterre, il est probable que notre dette publique ne serait pas aujourd'hui de beaucoup supérieure à la sienne »[94]

La référence au Royaume-Uni est symptomatique dans la mesure où il s'agit du seul pays, avec la Suède cependant, dont la monnaie a quitté le Système monétaire européen en 1992 sans le réintégrer par la suite. Cette référence cependant n'est pas utilisée de la même façon par Nicolas Sarkozy que par Edmond Alphandéry.

La crise des années 1992-1993 a mis en évidence les contraintes et les limites pour la France du Système monétaire européen. Elle a renforcé chez les partisans de l'euro les espoirs placés dans la monnaie unique. C'est en effet la mise en place de la monnaie unique qui allait mettre fin de façon définitive aux crises de changes et permettre la baisse des taux d'intérêt.

---

[94] Nicolas Sarkozy. *Ensemble*. XO Editions. 2007. Page 114.

Chapitre 4 : La fin du financement administré

« Je veux que la Banque (de France) soit assez dans les mains du gouvernement, mais qu'elle n'y soit pas trop »

Napoléon.

L'un des facteurs du passage de l'inflation à la dette dans les années 1980 fut le remplacement du financement monétaire des déficits publics par leur financement par les marchés. L'expression de financement monétaire, apparue au cours des années 1970, désignait les différentes modalités du financement administré des déficits publics.[95] Les dispositions qui permettaient ce financement ont été progressivement abrogées à partir des années 1960. La dernière étape de cette suppression fut franchie avec les dispositions du traité de Maastricht de 1992 instituant l'indépendance de la Banque centrale européenne et lui interdisant d'effectuer des avances aux Etats membres, dispositions qui furent également insérées dans les statuts de la Banque de France en 1993.

Cette suppression a entrainé une dissociation entre les sphères budgétaire et monétaire, dissociation qui a des conséquences importantes sur la conduite de la politique économique et dont la hausse de la dette publique ne constitue qu'un aspect.

De façon paradoxale cependant, le financement administré, et les mesures qui y mirent fin, font l'objet d'un nombre peu élevé de prises de position de la part des dirigeants politiques. Une des explications à cela réside

---

[95] Cf. sur le point la thèse de Benjamin Lemoine. *Les valeurs de la dette. L'Etat à l'épreuve de la dette publique.* Thèse. Ecole nationale supérieure des mines de Paris. 2011

dans le caractère technique de cette question, qui a pour effet de la rendre peu adaptée aux débats proprement politiques, et tend à la faire apparaitre comme relevant du domaine de compétence des hauts fonctionnaires. Les rares prises de position de dirigeants politiques à ce sujet sont cependant riches d'enseignement.

1. Le financement administré sous la IVᵉ République

Les références les plus anciennes au financement administré que nous avons trouvées figurent chez Edgar Faure et concernent les années 1952-53. Dans ses écrits portant sur cette période, il rend compte de la façon dont il dut, en février 1952, en tant que président du Conseil, solliciter une augmentation du plafond des avances de la Banque de France. Derrière l'humour du propos apparaît l'idée selon laquelle ce type de financement, bien que fréquemment pratiqué, était considéré comme illégitime, car réputé inflationniste.

« *Il m'était nécessaire d'aller vite, car la trésorerie était à sec. J'avais pu, sans doute, faire voter un texte législatif (car on ne pouvait procéder autrement) permettant d'augmenter le plafond des avances de la Banque au Trésor, plafond beaucoup trop bas et qui n'avait pas été réévalué depuis longtemps, comme l'avait souligné René Mayer. Cependant il s'attachait à ce sujet une sorte de superstition que je n'étais pas loin de partager : c'était la planche à billets et le gouverneur de la Banque de France se montrait résolument hostile à cette procédure* »[96]

Au bout du compte Edgar Faure réussit à obtenir une avance de 25 milliards de francs, en dépit de l'opposition

---

[96] Edgar Faure. *Mémoires. Avoir toujours raison...C'est un grand tort*. Plon. 1982. Page 390.

du gouverneur de la Banque de France.[97] Il dut cependant démissionner fin février après avoir été mis en minorité sur un vote portant sur le financement des dépenses militaires. Redevenu simple député, il assista l'année suivante aux procédés utilisés par le gouvernement Mayer pour financer les dépenses de l'Etat.

« *Les expédients sur lesquels on avait vivoté tant bien que mal pendant les derniers mois de 1952 n'étaient pas indéfiniment renouvelables. Force fut de recourir à des avances supplémentaires de la Banque de France (...) C'est ainsi qu'un premier texte, présenté fin janvier, passa comme une lettre à la poste : par une combinaison habile entre le relèvement du plafond et les achats de bons, il permettait d'obtenir 50 milliards qui ne semblaient faire que 25* »[98]

En juin 1953 il fut nommé ministre des Finances et des Affaires économiques dans le gouvernement Laniel. C'est à ce poste qu'il fut « initié » au mécanisme du circuit par le directeur de la comptabilité.[99]

---

[97] Edgar Faure indique dans ses mémoires avoir reçu une lettre du gouverneur de la Banque de France Wilfrid Baumgartner lui rappelant les règles de l'orthodoxie budgétaire et contenant des «*observations critiques sur les errements de la gestion financière passée* ». Edgar Faure. Idem. Page 392. Selon Jean-Pierre Patat et Michel Lutfalla, c'est Edgar Faure lui-même qui aurait suggéré au gouverneur de la Banque de France de lui adresser une lettre sévère d'avertissement pour impressionner le Parlement et obtenir le vote d'un effort fiscal supplémentaire. In *Histoire monétaire de la France au XX° siècle.* Economica. 1986. Page 144.

[98] Edgar Faure. Idem. Page 416.

[99] Le mécanisme du circuit fait l'objet d'une description détaillée in François Bloch-Lainé et Pierre de Vogüé. *Le Trésor public et le mouvement général des fonds*. Presses universitaires de France. 1960. Page 271 et suivantes.

« Il me proposait donc de me faire pénétrer les arcanes de la finance contemporaine, auxquels peu de personnes étaient initiées (...) Il y a, me dit-il encore, un phénomène qui s'appelle le circuit, et qui domine le théâtre des opérations. Sans doute, en avez-vous entendu vaguement parler mais peu de ministres en ont exactement conscience, et même Paul Reynaud s'est refusé à en assimiler le mécanisme assez mystérieux. En un mot comme en cent, le principe est pourtant simple : l'ensemble des sorties doit normalement se traduire par un mouvement comparable des rentrées. Les fonds, qui en provenance de caisses publiques, parviennent au terme d'un cheminement plus ou moins complexe jusque chez les particuliers, n'y dorment pas (...) Ils en sortent donc, prennent différentes directions et vont apparaître dans les comptes des banques, les caisses d'épargne, les recettes de finances. Tout ce qui vient s'échapper doit normalement revenir. Tant que le circuit fonctionne, tout baigne dans l'huile. Quand le circuit, pour une raison ou une autre (il y en a de variées, et le diagnostic est difficile à établir), se trouve enrayé, alors tout ce que vous faites tombe à zéro, c'est la situation où nous nous trouvons aujourd'hui. Il faut donc rétablir le circuit (...) Il s'ensuivit entre nous une longue discussion technique, dont le détail n'a pas sa place ici, mais dont je tirai un grand profit. La leçon essentielle c'est que je me sentais désormais déterminé à ne plus me laisser bluffer par les techniciens de la rue de Rivoli, et par les chapeaux pointus de la rue de la Vrillière »[100]

Ces passages permettent d'illustrer les différentes modalités de financement administré dont bénéficiait

[100] Edgar Faure. Idem. Page 456-457. Rue de Rivoli et rue de la Vrillière étaient les sièges respectivement du ministère de l'Economie et des Finances et de la Banque de France.

l'Etat. La disposition centrale de ce financement reposait sur le mécanisme du circuit, qui avait été mis en place en 1948 par François Bloch-Lainé alors qu'il était directeur du Trésor. Ce mécanisme était basé sur le rôle du Trésor, qui gérait l'ensemble des disponibilités monétaires de l'Etat et des correspondants du Trésor selon le principe de l'unité de caisse. Cela se traduisait par une dissociation entre les opérations budgétaires de l'Etat d'une part et les opérations d'encaissement et de décaissement effectuées par le Trésor d'autre part.[101] Le circuit était bouclé si les opérations de décaissement étaient couvertes par des opérations d'encaissement. Et le bouclage du circuit ne dépendait pas seulement des opérations budgétaires de l'Etat mais également de celles des correspondants du Trésor. En cas d'absence de bouclage du circuit, le Trésor avait la possibilité d'émettre des bons du Trésor, à des taux d'intérêt qu'il fixait lui-même, et auxquels les banques devaient nécessairement souscrire dans la limite d'un plancher. L'Etat pouvait par ailleurs obtenir des avances de la Banque de France, dans la limite d'un plafond, qui pouvait être relevé par le Parlement. Cette troisième possibilité, qui existait déjà pendant l'entre-deux-guerres, constituait la ressource ultime. Elle était plus visible que le financement par le mécanisme du circuit et les émissions de bons du Trésor. Et, associée à l'image de la « planche à billets » elle était réputée être inflationniste.

---

[101] A titre d'exemple, le versement par l'Etat d'un salaire à un agent public sur un compte postal correspondait à une dépense du point de vue du budget de l'Etat mais pas à un décaissement dans la mesure où les disponibilités monétaires de la Banque postale étaient gérées par le Trésor et obéissaient au principe de l'unité de caisse.

2. Les mesures d'abrogation

Le financement administré de l'Etat fut progressivement abrogé à partir des années 1960. Bien que peu nombreuses, les prises de position sur ces mesures d'abrogation permettent de saisir les objectifs poursuivis par les auteurs de ces mesures.[102] Trois types d'objectifs furent invoqués. Ces mesures s'inscrivaient d'une part dans un cadre général de réformes qui visaient à faire évoluer le financement de l'économie française dans son ensemble, et pas seulement le financement de l'Etat, d'une logique administrée à une logique de marché. Il s'agissait dans cette perspective d'augmenter la part de l'épargne dans le financement de l'économie et de réduire le financement par création monétaire. Le thème général de ces réformes était celui de la modernisation de l'économie française et le modèle invoqué était le système anglo-saxon de financement par les marchés. On trouve ce point de vue chez Michel Debré qui, en tant que ministre de l'Economie et des Finances de 1966 à 1968, fut à l'origine d'une série de réformes dans ce sens (réforme bancaire, réformes des marchés financiers et monétaires).

« *Le développement de l'épargne, l'accroissement de son efficacité et, pour réussir, la modernisation des méthodes de crédit sont une exigence impérieuse. Les Français n'épargnent pas assez pour investir (...) Face à la montée des concurrences internationales il nous faut changer de mentalité, et, sans renoncer au droit éminent de l'Etat,*

[102] Dans sa thèse, Benjamin Lemoine met en évidence l'influence de hauts fonctionnaires dans ces décisions d'abrogation. Cf. *Les valeurs de la dette. L'Etat à l'épreuve de la dette publique.* Thèse. Ecole nationale supérieure des mines de Paris. 2011

libérer les forces financières. Jean-Yves Haberer sera le moteur de l'ensemble des réformes menées à bien. »[103]

Le témoignage de Valéry Giscard d'Estaing au sujet du vote de la loi de janvier 1973 sur les statuts de la Banque de France, qui mettait fin à l'escompte direct du Trésor auprès de la Banque de France, reflète une motivation analogue.

« *La réforme des statuts de la Banque de France, adoptée sous le mandat de Georges Pompidou et lorsque j'étais ministre des Finances, est une réforme moderne, qui a transposé en France la pratique en vigueur dans tous les grands pays : il s'agissait à l'époque de constituer un véritable marché des titres, à court, moyen et long terme, qu'ils soient émis par une entité privée ou publique* »[104].

---

[103] Michel Debré. *Gouverner autrement. 1962-1970. Mémoires*. Albin Michel. 1993. Page 103. De 1966 à 1968 Jean-Yves Haberer était simple conseiller technique au ministère de l'Economie et des Finances. Par la suite il fut successivement directeur de cabinet de Michel Debré aux Affaires étrangères de 1968 à 1969 et à la Défense nationale de 1969 à 1973, directeur du Trésor de 1978 à 1982, président de Paribas de 1982 à 1986 et du Crédit lyonnais de 1988 à 1993. C'est sous sa présidence que le Crédit lyonnais connut une situation de quasi-faillite.

[104] Cette déclaration de Valéry Giscard d'Estaing correspond à une prise de position sur son blog en juillet 2008 en réponse à une interpellation effectuée par un internaute du nom d'André-Jacques Holbecq au sujet du vote de la loi de janvier 1973. Cette déclaration a été reprise dans la thèse de Benjamin Lemoine. *Les valeurs de la dette. L'Etat à l'épreuve de la dette publique*. Ecole nationale supérieure des mines de Paris, 2011. Page 106. André-Jacques Holbecq est coauteur avec Philippe Derudder d'un livre intitulé : *La dette publique, une affaire rentable. A qui profite le système ?* Editions Yves Michel. 2014.

Selon cette logique, il s'agissait d'inciter les agents en besoin de financement, dont l'Etat, à se financer par l'émission de titres sur les marchés financiers.

Le second objectif était que l'épargne finance de façon principale les entreprises, ce qui supposait de limiter les emprunts effectués par l'Etat et de rendre par conséquent plus contraignant le cadre dans lequel ils s'effectuaient.

Michel Debré. 1993.
« *Dès que possible je limite les emprunts de l'Etat et diminue les appels publics au marché de l'argent afin de réserver la plus grande part de l'épargne aux entreprises. Dans le courant de l'année 1966, je décide que, sauf besoin de la conjoncture, les emprunts d'Etat ou garantis par l'Etat ne seront lancés qu'en fin d'année* »[105]

D'une façon générale, la politique d'équilibre budgétaire menée à partir de 1958 s'inscrivait dans cette perspective d'un retrait de l'Etat des sources de financement de l'économie. C'est également dans cette perspective que fut supprimé en 1967 le plancher de bons du Trésor auxquels les banques devaient souscrire. Il s'agissait selon Michel Debré d'une part d'obliger l'Etat à emprunter sur le marché monétaire, en vertu de la logique de marché, et d'autre part d'orienter l'offre de financement principalement vers les entreprises.

« *Un autre problème est l'étroitesse du marché monétaire qui relève d'un héritage des années de guerre : les opérations interbancaires y sont quotidiennement soldées par la Banque de France. Plusieurs des réformes déjà énumérées modifient cependant son fonctionnement : meilleure collecte des liquidités par les réseaux bancaires et mutualistes ; disparition du plancher des bons dans les*

---

[105] Michel Debré. Idem. Page 104.

banques, ce qui oblige le Trésor à emprunter sur le marché monétaire (...) Afin de tourner les banques vers leur vrai métier, qui est de prêter à l'économie et de renoncer à un financement monétaire trop automatique du Trésor, je supprime le plancher de bons du Trésor qui datait de la guerre et les obligeait à souscrire des effets publics »[106]

Le troisième objectif était la lutte contre l'inflation. Cet objectif cependant n'occupait pas une place prépondérante, du moins pas dans un premier temps. Michel Debré ne l'évoquait pas. Valéry Giscard d'Estaing y fit allusion dans son témoignage sur la réforme de 1973.

« La possibilité du prêt direct de la Banque de France au Trésor public a généré partout où il fut appliqué une situation d'inflation monétaire permanente (...) Ce que vous supposez consiste à dire qu'on aurait pu remplacer un endettement visible et structuré par une simple émission monétaire. Mais ce serait ouvrir les bras au retour à l'inflation des années 1950 »[107]

En revanche, l'inflation fut une préoccupation majeure au cours des années 1980. C'est à cette époque que les notions de financement monétaire, réputé inflationniste, et de financement non monétaire des déficits publics devinrent des notions couramment utilisées. Le contexte n'était plus le même que dans les années 1960 et 1970. Avec l'objectif d'un financement non inflationniste de déficits publics devenus permanents, le développement de la place financière de Paris ne correspondait plus seulement à un choix politique mais apparaissait désormais également comme une nécessité. Et c'est au

[106] Michel Debré. Idem. Page 106.
[107] Valéry Giscard d'Estaing. Idem.

cours des années 1980 qu'elle connut son développement le plus important.[108]

On constate par ailleurs l'existence d'un consensus droite-gauche sur la fin du financement administré. Le point de vue de Dominique Strauss-Kahn sur les réformes des marchés financiers des années 1980 reprend quasiment à l'identique les arguments développés par Michel Debré pour les réformes des années 1960. On retrouve la modernisation de l'économie française ainsi que le thème du passage du financement administré au financement par les marchés, avec cependant par ailleurs l'idée selon laquelle dans ces domaines la gauche aurait surpassé la droite.

« *La première est celle du modernisateur. Nous avons un peu oublié aujourd'hui ce qu'était l'économie française en 1984, quand Pierre Bérégovoy en prit les commandes. C'était encore une économie réglementée, encadrée et cloisonnée. Les entreprises et les banques, qu'elles fussent publiques ou privées, venaient prendre des instructions rue de Rivoli ou rue de Grenelle. L'administration décidait du taux du crédit et de sa quantité, du montant des investissements directs et de leur allocation ou des prix d'une grande quantité de produits. Nous n'étions pas encore complètement sortis de l'après-guerre.*
Ce fut Pierre Bérégovoy, qui donna le coup d'envoi d'une modernisation indispensable et qui, en l'espace de quelques années, mena à bien la réforme du secteur financier (...) Mais cette économie administrée, qui ne fonctionnait plus guère, se survivait par la force de

---

[108] Laure Quennouëlle-Corre indique que de 1978 à 1985 le volume des émissions d'obligations sur la place de Paris passa de 58 à 300 milliards de francs. In « Dette publique et marchés de capitaux au XXe siècle : le poids de l'Etat dans le système financier français » in Andreau et Coll. *La dette publique dans l'histoire*. Comité pour l'histoire économique et financière de la France. 2006.

l'habitude, et parce que ceux qui se nomment aujourd'hui libéraux avaient été trop timorés – ou trop peu partageux – pour y mettre fin. Il revint donc à un socialiste de secouer les rentes de notre système financier. Il lui revint de bousculer les oligopoles par la concurrence, ou de proscrire la régulation administrée pour lui substituer la régulation par les prix »[109]

Les réformes menées des années 1960 aux années 1980 ne mirent pas entièrement fin à la possibilité pour l'Etat de bénéficier d'un financement administré. La Banque de France restait placée sous l'autorité de l'Etat et les avances de celle-ci à l'Etat, bien que peu pratiquées, restaient en principe possibles. C'est le traité de Maastricht de 1992 et la réforme des statuts de la Banque de France de 1993, adoptée en application de ce traité, qui mirent fin à cette possibilité.

3. L'indépendance de la Banque centrale

L'adoption en 1993 du statut d'indépendance de la Banque de France constitua la dernière étape du processus de dissociation des sphères budgétaire et monétaire. Elle apparaît a posteriori comme l'aboutissement des réformes engagées à partir des années 1960 sur la fin du financement administré de l'Etat. L'indépendance de la Banque de France résulta cependant de négociations menées au niveau européen, dans le cadre du processus de mise en place de la monnaie unique, ce qui n'était pas le cas des réformes précédentes. Et il est probable qu'un

[109] Dominique Strauss-Kahn. *Pierre Bérégovoy. Recueil de documents. Une volonté de réforme au service de l'économie : 1984-1993*. Comité pour l'histoire économique et financière de la France. 1998. Page 414.

débat sur le statut de la Banque centrale organisé dans un cadre exclusivement français aurait abouti à un rejet de l'indépendance, en raison de l'orientation à la fois souverainiste et keynésienne de la culture politique et économique française. [110] L'indépendance de la Banque centrale a constitué la concession de la partie française pour obtenir l'accord de l'Allemagne à l'institution de la monnaie unique, dont la culture politique et économique est très différente de celle de la France.[111] Le fait que la plupart des dirigeants politiques français, à l'exception de François Fillon, se soient prononcés en faveur du traité de Maastricht, et par conséquent également en faveur de ses dispositions sur le statut de la Banque centrale, ne signifie pas qu'ils étaient favorables à son indépendance.

Parmi l'ensemble des dirigeants politiques dont nous avons analysé les livres, 4 ont exprimé un point de vue sur cette question. Trois dirigeants ont exprimé une position favorable à l'indépendance. Il s'agit d'une part d'Edouard Balladur et d'Edmond Alphandéry, qui étaient respectivement Premier ministre et ministre de l'Economie au moment de l'adoption du statut d'indépendance de la Banque de France. Il s'agit d'autre part de Raymond Barre. La position de ces dirigeants reflète l'adéquation

[110] Du point de vue souverainiste, qui repose sur le principe de la souveraineté nationale, l'indépendance de la banque centrale affaiblit l'Etat et par ailleurs est incompatible avec l'idée selon laquelle la politique économique doit être conduite par des représentants élus de la Nation. A l'inverse, le fait que les différents instruments de la politique économique soient répartis entre différents organismes indépendants les uns des autres est en adéquation avec le principe de la séparation des pouvoirs.

[111] La culture politique et économique allemande est empreinte de fédéralisme, d'ordo-libéralisme et est marquée par le souvenir de l'hyperinflation de 1922-1923. Elle est à la fois non-keynésienne et influencée par le principe de séparation des pouvoirs.

entre leur choix pro-Maastricht en 1992 et leur orientation libérale.

Les arguments qu'ils invoquent sont d'une part le statut des banques centrales dans les autres pays :

Raymond Barre. 2007.
« *Chez tous nos voisins, en Allemagne, aux Pays-Bas, en Belgique, en Espagne, en Italie, les gouverneurs de la Banque centrale jouissent d'une totale indépendance. Ils peuvent faire plier les gouvernements. Le gouverneur de la Banque d'Angleterre est également aussi indépendant que puissant. Il n'y a que chez nous que le gouverneur de la Banque de France était placé sous le contrôle du Trésor* »[112]

Ils sont d'autre part l'autonomie de la sphère monétaire par rapport à la sphère politique

Edouard Balladur. 1995.
« *Ainsi était diminuée la pression de la politique sur la gestion de notre monnaie. Je considère que c'est là, dans le domaine économique et financier, avec la libération totale des prix, les privatisations, la diminution des déficits, l'une des réformes les plus importantes que j'ai été amené à décider et à mettre en œuvre lors de mes deux passages au gouvernement* »[113]

Edmond Alphandéry quant à lui développait la thèse du caractère salutaire de la pression exercée par l'Europe

---

[112] Raymond Barre. *L'expérience du pouvoir. Conversations avec Jean Bothorel*. Fayard. 2007. Page 300-301.
[113] Edouard Balladur. *Deux ans à Matignon*. Plon. 1995. Page 91-92. Edouard Balladur prenait cependant soin de préciser que la fixation du taux de change devait à ses yeux relever du pouvoir politique.

pour l'adoption de cette réforme, thèse que nous avions déjà rencontrée au sujet de la lutte contre l'inflation

« Rarement, dans les innombrables débats parlementaires auxquels j'ai participé, je n'ai ressenti une aussi vive coupure entre les jacobins « souverainistes » et les girondins partisans de la séparation des pouvoirs. Je le répète : dans notre pays qui reste si interventionniste, et en définitive si rétif devant les vraies réformes, où prévalait encore à l'époque le sentiment qu'en matière de politique monétaire, c'était à l'Etat et à lui seul qu'appartenait la décision, jamais un texte de cette envergure n'aurait pu voir le jour sans la pression exercée par l'Europe.
Cette réforme, étape décisive dans le long combat pour l'euro a fini par être adoptée parce que le traité de Maastricht imposait aux Etats l'indépendance (la vraie) de leur banque centrale »[114]

Un seul dirigeant politique a exprimé une position de désapprobation à l'égard de l'indépendance de la Banque centrale. Il s'agit de François Fillon, qui au moment de l'adoption du traité de Maastricht, soutenait Philippe Seguin dans son opposition à ce traité. Sa position, exprimée en 2006 dans son livre *La France peut supporter la vérité* était cohérente avec sa position de 1992. La critique de François Fillon de l'indépendance de la Banque centrale constituait l'un des éléments du bilan globalement négatif qu'il effectuait au sujet de l'euro.

« En effet, quatorze ans après la ratification de ce traité, notre analyse reste pertinente. La Banque centrale européenne conduit la politique monétaire sans contrôle

---

[114] Edmond Alphandéry. *La réforme obligée. Sous le soleil de l'euro.* Grasset 2000. Page 174-175.

démocratique, guidée par le seul souci de stabilité. Certes, elle applique à la lettre le traité de Maastricht. Elle ne s'est vu fixer aucun objectif économique de croissance ou d'emploi par le traité. Mais on ne peut pas non plus passer sous silence le fait que la croissance de la zone euro est depuis une décennie plus faible que celle de pays comme la Grande-Bretagne ou la Suède, qui ont choisi de rester en dehors. La monnaie unique n'a généré aucun des bienfaits que faisaient miroiter les partisans du oui durant la campagne de 1992, sauf, et ce n'est pas rien, une stabilité monétaire à laquelle la France n'était pas accoutumée. »[115]

Les autres dirigeants politiques n'ont pas exprimé de position au sujet de l'indépendance de la Banque centrale. Soit ils n'abordent pas la question, soit, à l'instar de Lionel Jospin, ils prennent acte de ce statut d'indépendance et concentrent leurs critiques sur la politique monétaire menée par la Banque centrale européenne.

« *Le traité de Maastricht, en vue de l'instauration d'une monnaie unique, a inscrit dans les traités européens le principe de l'indépendance de la Banque centrale européenne à l'égard des différents gouvernements. C'était se référer à des règles existant dans certains Etats européens et répondre particulièrement à une demande de l'Allemagne, qui souhaitait des garanties au moment de renoncer au mark. Ce principe d'indépendance n'était pas dans la tradition française ; nous l'avons accepté pour créer l'euro. L'indépendance de la Banque centrale est*

[115] François Fillon. *La France peut supporter la vérité*. Albin Michel. 2006. Page 242

aujourd'hui un principe sur lequel nos partenaires ne reviendront pas »[116]

Et Lionel Jospin de poursuivre de la façon suivante :

« Mais indépendance ne signifie pas surdité. La Banque centrale ne peut s'exonérer des règles qui fondent la démocratie et qui consistent pour toute autorité à décider en écoutant les points de vue qui s'expriment, à informer et à rendre compte. Nos banquiers centraux font parfois preuve d'un rigorisme et d'une susceptibilité qui les conduisent à un manque de souplesse et de réactivité »[117]

Tout en évitant de mettre en cause de façon explicite les statuts de la Banque centrale européenne, la critique de Lionel Jospin porte sur l'influence exercée par ces statuts sur la politique monétaire et sur la façon dont elle est menée.

4. La dissociation des sphères budgétaire et monétaire

La fin du financement administré a entrainé la dissociation des sphères budgétaire et monétaire. Et cette dissociation affaiblit les moyens d'action de l'Etat dans la conduite de la politique économique.

Avec la fin du financement administré, la possibilité pour l'Etat de mener des politiques de relance par la demande dans une perspective keynésienne a été fortement réduite. Selon le schéma keynésien, les politiques de relance supposent l'utilisation par l'Etat de l'instrument budgétaire (l'instrument actif) et de l'instrument monétaire (l'instrument de soutien).

[116] Lionel Jospin. *Le monde comme je le vois*. Le débat. Gallimard. 2005. Page 115

[117] Lionel Jospin. Idem. Page 115.

L'utilisation de ces deux instruments est liée dans la mesure où un déficit budgétaire suppose des disponibilités monétaires pour le financer. L'économiste keynésien Abba Lerner illustre cette relation en écrivant que la politique monétaire est à la politique budgétaire ce que l'impression de formulaires administratifs est à l'action publique en général.[118]

Pour reprendre cette image, avec la dissociation des sphères budgétaire et monétaire, tout se passe désormais comme si l'Etat devait s'adresser à un organisme extérieur pour obtenir les formulaires nécessaires à sa politique de relance budgétaire, et que ceux-ci lui étaient délivrés sous conditions.

Le fait que l'Etat ne maîtrise plus les conditions de financement de ses déficits réduit fortement leur impact en termes de relance et de croissance. Avec la fin du financement administré, l'Etat finance ses déficits publics par des emprunts sur les marchés. Il s'agit du fameux financement non monétaire des déficits publics. Ce type de financement, qui suppose la mobilisation d'une épargne préalable, réduit fortement l'efficacité des politiques budgétaires de relance.[119] Il n'est certes pas impossible que la Banque centrale, désormais indépendante, pratique de façon parallèle à la relance budgétaire effectuée par l'Etat une politique monétaire expansionniste. Dans un tel cas de figure on retrouve la logique keynésienne de la politique monétaire qui sert de support à la relance

[118] Abba Lerner. *Economie de l'emploi*. Editions Sirey, 1972. Page 141. L'édition originale date de 1951.

[119] Un déficit non accompagné de création monétaire peut avoir un effet positif en termes de croissance dans deux cas de figure, en cas de trappe à la liquidité d'une part et en cas d'entrées de capitaux d'autre part. Le second cas de figure correspond à la situation des Etats-Unis au cours des années 1980 (déficit budgétaire financé par une entrée de capitaux dans un contexte de politique monétaire restrictive de la part de la Banque centrale américaine)

budgétaire. Mais une politique d'accompagnement monétaire de ce type menée par la Banque centrale n'est pas automatique et l'Etat n'est pas en mesure de l'imposer. Depuis les années 1980, à l'exception de la période récente faisant suite à la crise des subprimes, la politique économique de la France se caractérise par la coexistence de déficits publics permanents, financés par des émissions de titres, et de politiques monétaires restrictives.[120] Dans les années 1980 la politique monétaire était restrictive pour lutter contre l'inflation. Dans les années 1990 elle était restrictive pour assurer la stabilité du franc par rapport au mark. Et à partir de 1999 et la mise en place de l'euro, elle a continué à l'être en vertu des statuts de la Banque centrale européenne qui stipulent que son mandat principal est la stabilité des prix. Ce n'est que depuis 2011 que la Banque centrale européenne pratique une politique monétaire que l'on peut qualifier d'expansionniste. Cette combinaison entre des déficits publics permanents, financés par des émissions de titres, et des politiques monétaires restrictives, se traduit par une hausse de la dette publique et une hausse parallèle du patrimoine financier des créanciers. Mais elle n'a pas d'effets sur le rythme de croissance du PIB.

Par ailleurs, la fin du financement administré de l'Etat a modifié le rapport à la dette publique. Avec le financement administré, la dette publique était une dette de l'Etat envers d'autres organismes publics (Banque de France, correspondants du Trésor etc…), placés sous son autorité. Il s'agissait d'une dette hors marché, dont il fixait les conditions en termes de rémunération et de

[120] Une politique monétaire restrictive est une politique monétaire basée sur des taux d'intérêt élevés. Son objectif est la lutte contre l'inflation ou la défense du taux de change. Mais des taux d'intérêt élevés ont pour effet de freiner la création monétaire, la demande, et par conséquent l'activité économique.

renouvellement. Avec la fin du financement administré de l'Etat, la dette publique devient une dette financière détenue par des agents économiques extérieurs à l'Etat (banques privées, organismes financiers). Les conditions de rémunération et de renouvellement de la dette publique sont des conditions de marché, comme pour n'importe quel emprunteur privé, et reflètent le degré de confiance que l'Etat inspire aux investisseurs. L'Etat peut désormais être confronté à un refus de financement et être mis en cessation de paiement. La dissociation des sphères budgétaire et monétaire met fin à la validité des raisonnements keynésiens basés sur l'idée selon laquelle la politique budgétaire devrait être effectuée uniquement en fonction d'objectifs macroéconomiques (niveau de l'activité économique et de l'emploi ou à l'inverse rythme d'inflation) et n'aurait pas à se soucier du niveau de la dette publique.

Chapitre 5 : L'influence des taux d'intérêt

Nous avions vu au chapitre 2 la correspondance dans le temps entre la fin de l'inflation et le début du processus de hausse de la dette publique. Et nous avions envisagé comme explication de cette correspondance l'affaiblissement chez les dirigeants politiques des incitations à réduire les déficits publics. Une seconde explication de cette correspondance réside dans l'influence des taux d'intérêt. Selon cette seconde explication, la hausse de la dette publique résulte de la hausse des taux d'intérêt réels, consécutive à la désinflation des années 1980. Les deux types d'explications mettent la hausse de la dette publique sur le compte de la fin de l'inflation. Mais les mécanismes invoqués ainsi que les enjeux politiques ne sont pas les mêmes. L'explication par l'affaiblissement des incitations à réduire les déficits publics revient à invoquer le laxisme budgétaire des dirigeants politiques. Elle débouche généralement sur un discours préconisant la rigueur budgétaire. Selon la seconde explication, ce n'est pas le comportement des dirigeants politiques qui serait en cause, mais le niveau élevé des taux d'intérêt réels. Cette seconde explication s'inscrit en général dans le cadre d'une critique du niveau des revenus financiers ainsi que de l'influence des marchés financiers sur la conduite de la politique économique.

Le chapitre présent a pour objectif de montrer l'influence des taux d'intérêt sur l'évolution de la dette publique des années 1980 à nos jours. Nous reprenons la question de l'affaiblissement des incitations à réduire les déficits publics dans les chapitres suivants.

1. La dynamique de la dette publique : théorie

Pour analyser les effets de la désinflation sur la dette publique, il est nécessaire d'avoir à l'esprit le processus d'évolution d'une dette publique. Une dette évolue en fonction de deux éléments :

- le solde primaire, qui est la différence entre les recettes et les dépenses primaires (les dépenses hors le paiement des intérêts de la dette)
- la différence entre les taux d'intérêt réels payés sur la dette et la croissance du PIB.

En cas d'équilibre primaire (solde primaire nul), les déficits correspondent au montant du paiement des intérêts. Le pourcentage d'augmentation de la dette publique correspond par conséquent aux taux d'intérêt réels payés sur la dette.[121] Dans la mesure où la dette est en général rapportée au PIB, une hausse du PIB équivalente aux taux d'intérêt réels correspond à une dette publique stable (en pourcentage du PIB).

Les conditions de stabilité d'une dette publique sont par conséquent les suivantes :

- équilibre primaire
- égalité entre les taux d'intérêt réels et la croissance du PIB (écart critique nul)

Avec des taux d'intérêt réels supérieurs à la croissance du PIB, la dette publique augmente en cas d'équilibre primaire. Et à l'inverse, avec des taux d'intérêt réels inférieurs à la croissance du PIB, la dette publique diminue en cas d'équilibre primaire.

---

[121] Pour une dette d'un montant initial de 1000 et des taux d'intérêt de 3 %, les intérêts à payer sont de 30. Ceux-ci génèrent un emprunt de 30. L'année suivante, la dette atteint par conséquent le montant de 1030, ce qui correspond à une augmentation de 3 %.

Par rapport à la question qui nous préoccupe, il s'agit dans un premier temps de déterminer dans quelle mesure l'augmentation de la dette publique française, effective à partir du début des années 1980, est à mettre sur le compte d'une dégradation du solde primaire, d'une augmentation des taux d'intérêt réels ou du ralentissement de la croissance du PIB.

2. Le solde primaire

Graphique 5.1. Solde primaire de 1949 à 2015[122]

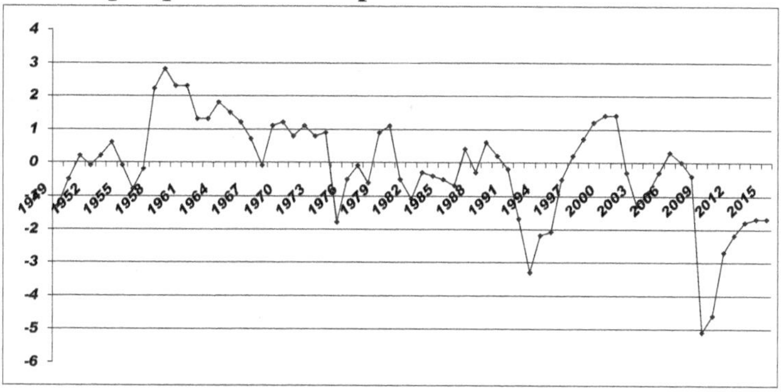

De 1949 à 2015, le solde primaire a connu de nombreuses variations. Il est cependant possible de distinguer 6 périodes :

[122] Les données proviennent de l'INSEE.

Tableau 5.1. Solde primaire de 1949 à 2015
Les 6 périodes[123]

Périodes	*Solde primaire moyen* *(En pourcentage du PIB)*
IV° République : 1949-1957	- 0,2
Période de Gaulle-Pompidou : 1958-1973	1,4
Période Giscard d'Estaing : 1974-1980	0
Période 1981-1990	- 0,3
Période 1991-2000	- 0,7
Période 2001-2015	- 1,4

Après avoir été légèrement déficitaire sous la IVe République (1949-1957), le solde primaire fut excédentaire sous la période de Gaulle-Pompidou (1958-1974) puis équilibré pour la période Giscard d'Estaing (1974-1980). A partir des années 1981, il subit une dégradation progressive. Pendant les trois périodes allant de 1981 à 2015, si l'on excepte les années de forte croissance de la fin des années 1980, de la fin des années 1990 ainsi que des années 2005-2006, il est de façon systématique négatif. Et le déficit primaire augmente d'une période à l'autre.

3. Les taux d'intérêt réels

Pour un solde primaire et une croissance du PIB donnés, une baisse des taux d'intérêt réels va dans le sens d'une baisse de la dette. Et à l'inverse, une hausse des taux d'intérêt réels pousse la dette vers le haut. Or les taux d'intérêt réels correspondent à la différence entre les taux d'intérêt nominaux et l'inflation. Pour un niveau de taux

[123] Comme les différentes périodes sont constituées d'années pleines, la fin de chaque période correspond à la dernière année pleine de la période : 1957 pour la fin de la IVe République, 1973 pour la fin de la période de Gaulle-Pompidou etc…

d'intérêt nominaux donné, une accélération de l'inflation réduit les taux d'intérêt réels, ce qui va dans le sens d'une baisse de la dette. A l'inverse, un ralentissement de l'inflation augmente les taux d'intérêt réels (à taux nominaux inchangés), ce qui pousse la dette vers le haut.

En fait les taux d'intérêt nominaux réagissent aux variations du rythme de l'inflation, mais avec un décalage dans le temps. Une hausse de l'inflation a pour effet une hausse des taux d'intérêt nominaux, mais pas de façon immédiate. Cela signifie que les taux d'intérêt réels diminuent dans un premier temps, suite à la hausse de l'inflation, et retrouvent leur niveau initial dans un second temps, après que les taux d'intérêt nominaux aient augmenté à leur tour. Et de façon symétrique, un processus de désinflation se traduit par une hausse momentanée des taux d'intérêt réels. C'est en raison de ce décalage dans le temps entre les variations du rythme de l'inflation et l'évolution des taux d'intérêt nominaux que les variations du rythme de l'inflation produisent des effets sur la dette publique à la baisse ou à la hausse selon qu'il s'agit d'une accélération ou d'un ralentissement de l'inflation.

On peut constater ce phénomène sur le graphique suivant (graphique 5.2). Il représente l'évolution des taux d'intérêt nominaux des obligations d'Etat à 10 ans et du taux d'inflation de 1960 à 2015. Les taux d'intérêt réels correspondent à l'écart entre les taux d'intérêt nominaux et l'inflation

Graphique 5.2. Taux d'intérêt nominaux à long terme et taux d'inflation en France[124]

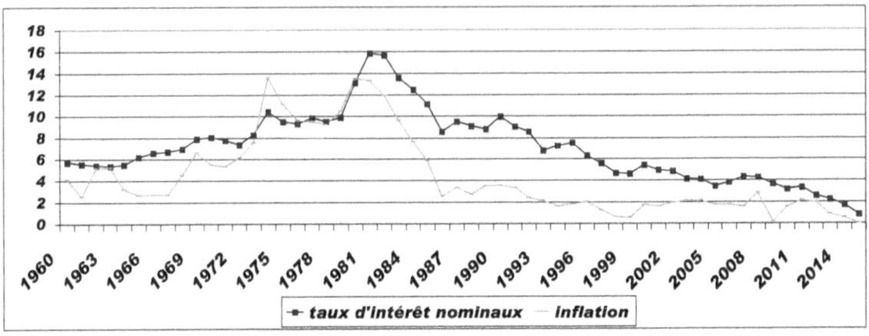

- De 1960 à 1968, les taux d'intérêt réels (l'écart entre les taux d'intérêt nominaux et l'inflation) étaient en moyenne de 2,3 %.
- Avec l'accélération de l'inflation à partir de la fin des années 1960, les taux d'intérêt nominaux augmentèrent, mais de façon décalée dans le temps. Ce décalage eut pour effet des taux d'intérêt réels faibles (0,3 % en moyenne de 1969 à 1980) et même négatifs certaines années. Ce décalage prit fin en 1981 avec des taux d'intérêt réels retrouvant leur niveau d'avant l'accélération de l'inflation (soit 2,5 %)
- A partir de 1981 la désinflation provoqua un décalage inverse. De 1981 à 1986, l'inflation passa de 13,3 % à 2,5 %. Les taux d'intérêt nominaux baissèrent également, mais moins rapidement. Ce décalage eut pour effet des taux d'intérêt réels élevés jusqu'à la fin des années 1990 (5 % en moyenne de 1981 à 2000). C'est avec la mise en place de l'euro, qui signifiait, du point de vue des prêteurs, que désormais l'inflation resterait faible de façon définitive et qu'il n'y aurait plus de

[124] Les données proviennent d'Ameco, banque de données de la direction générale des Affaires économiques et financières de la Commission européenne.

dévaluation du franc par rapport au mark, que les taux réels baissèrent de façon significative.

- Pour la période allant de 2001 à 2010, avec un niveau moyen de 2,3 %, les taux d'intérêt réels retrouvèrent leur niveau de la période 1960-1968.
- Les taux d'intérêt réels poursuivirent leur baisse puisque pour la période allant de 2011 à 2015 ils se situent aux alentours de 1 %.

A ce décalage dans le temps entre la désinflation et la baisse des taux d'intérêt nominaux s'ajoute un effet d'inertie supplémentaire résultant du fait que les taux d'intérêt nominaux d'une année donnée s'appliquent aux emprunts effectués cette année-là, et non à la dette dans son ensemble. La dette dans son ensemble résulte des emprunts effectués dans le passé, régis par les taux d'intérêt du passé.[125]

Par conséquent, pour évaluer le poids effectif des intérêts dans l'évolution de la dette, nous nous basons sur le rapport entre les intérêts versés une année donnée et la dette à la fin de l'année précédente. Nous appelons ce rapport taux d'intérêt nominaux effectifs. Les taux d'intérêt réels effectifs correspondent à la différence entre les taux d'intérêt nominaux effectifs et l'inflation.

[125] C'est le cas avec des taux d'intérêt fixes. La question se poserait de façon différente avec des taux d'intérêt indexés sur l'inflation. La majorité des emprunts publics en France sont régis par des taux d'intérêt fixes.

Graphique 5.3. Taux d'intérêt nominaux effectifs et taux d'inflation[126]

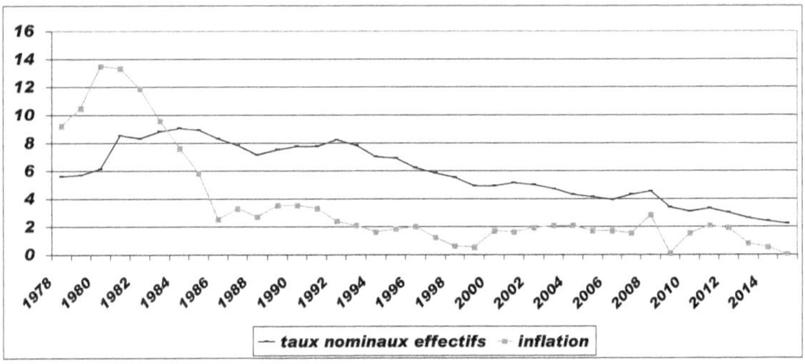

Les taux d'intérêt nominaux effectifs restèrent inférieurs à l'inflation jusqu'en 1983. A partir de 1981 les taux d'intérêt nominaux avaient atteint un niveau très élevé. Mais les intérêts payés au titre de la dette publique reflétaient également les taux nominaux des années passées qui étaient plus faibles. Ce n'est qu'à partir de 1983 que les taux d'intérêt nominaux effectifs atteignirent un niveau supérieur à l'inflation et que par conséquent les taux d'intérêt réels effectifs devinrent positifs. Ils furent élevés de 1985 à 2000 (4,6 % en moyenne) avant de décroître à partir de cette date. De 2005 à 2015 ils se situèrent aux alentours de 2 %.

4. La dynamique de la dette publique de 1949 à 2015

Il nous est à présent possible de reconstituer l'influence des différentes variables (solde primaire, taux d'intérêt réels et croissance du PIB) sur la dynamique de la dette publique de 1949 à 2015.

[126] Les données proviennent d'Ameco.

- De 1949 à 1973, la dette publique connaissait une dynamique de baisse en raison de la forte croissance du PIB (5 % en moyenne annuelle), qui était nettement supérieure au niveau des taux d'intérêt réels effectifs. Cette dynamique jouait sous la IVe République (1949-1957) où l'effet des déficits primaires sur la dette, qui étaient modérés (0,2 % du PIB), était plus que compensé par l'importance de l'écart entre la croissance du PIB et les taux d'intérêt réels effectifs. Cette dynamique continua bien évidemment à jouer sous la période de Gaulle–Pompidou (1958-1973), pendant laquelle on avait à la fois des budgets publics en excédent primaire et une croissance du PIB supérieure aux taux d'intérêt réels effectifs.
- Sous la période Giscard d'Estaing (1974-1980), la dynamique de baisse se poursuivit en raison cette fois-ci des taux réels effectifs négatifs, consécutifs à l'accélération de l'inflation, les budgets publics quant à eux étant en équilibre primaire.
- Les taux d'intérêt réels restèrent négatifs jusqu'en 1983. La hausse de la dette publique à partir du début des années 1980 résulte des déficits primaires qui apparurent à cette période avec la relance Mauroy.
- A partir du milieu des années 1980 s'ajoutèrent les effets des taux d'intérêt effectifs réels élevés, conséquence de la désinflation. Ces effets se firent sentir jusqu'au milieu des années 2000.
- C'est cependant pendant les années 1990 que ces effets furent les plus importants. Ces années, qui correspondent à la politique du franc fort, se caractérisèrent en effet par un écart très important entre des taux d'intérêt réels effectifs, très élevés, et une croissance du PIB, faible en moyenne (cf. le graphique 5.4)

Graphique 5.4. Différence entre taux d'intérêt effectifs réels et croissance du PIB.[127]

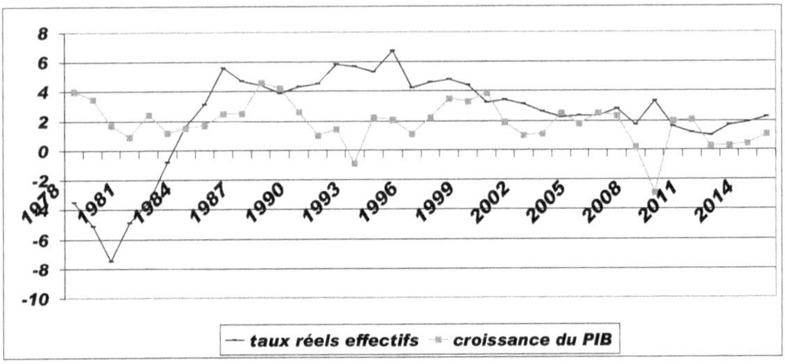

- A partir de 2005 en revanche, si l'on excepte l'année 2009 (année de récession), l'écart entre les taux d'intérêt réels effectifs et la croissance du PIB est relativement faible. La hausse de la dette publique pendant cette période s'explique pour une part importante par les déficits primaires.

Dans une étude parue en 2014, un Collectif pour un audit citoyen de la dette publique a calculé la part de l'augmentation de la dette publique imputable au niveau élevé des taux d'intérêt réels effectifs entre 1985 et 2005.[128] De 1985 à 2012, la dette publique est passée de 31 % à 90% du PIB, soit une augmentation de 59 points, avec des taux d'intérêt réels effectifs qui furent en moyenne de 4,2 % pendant la période 1985-2005. Selon cette étude, si les taux d'intérêt réels effectifs avaient été de 2 % de 1985 à 2005, la dette publique serait passée de 31 % à 65 % du PIB, soit une augmentation de 34 points. En d'autres termes, près de 42 % de l'augmentation de la

[127] Les données proviennent d'Ameco.

[128] Collectif pour un audit citoyen de la dette publique. Que faire de la dette ? Un audit de la dette publique de la France. Edité par Attac France. 2014.

dette publique entre 1985 et 2012 serait imputable au niveau élevé des taux d'intérêt réels entre 1985 et 2005.

Chapitre 6 : L'influence des institutions

La hausse de la dette publique s'explique en partie par le niveau élevé des taux d'intérêt réels entre 1985 et 2005, qui fut la conséquence de la désinflation et de la façon dont elle fut menée au début des années 1990 avec la politique du franc fort. Il convient à présent d'élargir notre analyse en effectuant des comparaisons entre la France et d'autres pays de l'OCDE. D'une façon générale, les différents facteurs économiques qui contribuèrent à la hausse de la dette publique en France à partir des années 1980, tels le ralentissement de la croissance, la désinflation, les taux d'intérêt réels élevés, concernaient l'ensemble des pays de l'OCDE. Et pourtant ces pays présentent de fortes divergences entre eux en ce qui concerne le niveau ainsi que l'évolution de leurs dettes publiques. Ces différences suggèrent l'existence d'autres facteurs. Ces facteurs sont des facteurs institutionnels. Ils ont été mis en évidence par une série de travaux effectués à partir des années 1980, que nous présentons dans ce chapitre sous la dénomination de thèse institutionnelle.[129] Les auteurs de la thèse institutionnelle abordent la question des finances publiques en termes de performances budgétaires, une dette publique faible étant assimilée à de bonnes performances budgétaires. Ils effectuent la distinction entre une gestion des finances publiques qui serait vertueuse et une gestion, soumise à un biais pour le déficit, qui serait laxiste. Et le caractère vertueux ou laxiste de cette gestion est mis sur le compte

[129] L'expression de thèse institutionnelle est une expression globale qui concerne différents courants. Nous avons présenté ces différents courants dans un ouvrage précédent : Bernard Schwengler. *Les règles budgétaires*. De Boeck. 2014.

de ces facteurs institutionnels. Les principaux facteurs étudiés sont d'une part la composition du gouvernement et d'autre part les règles et les comités budgétaires.

D'une façon générale, les facteurs institutionnels permettent de rendre compte des différences d'évolution entre la dette publique française et la dette publique d'autres pays de l'OCDE pour la période allant du milieu des années 1970 à la fin des années 2000. En revanche la récession de 2009 consécutive à la crise des subprimes a provoqué le retour des facteurs économiques comme facteurs explicatifs de l'évolution des dettes publiques.

1. Composition du gouvernement et dette publique

Dans les années 1980-1990 parurent une série d'études montrant l'influence de la composition du gouvernement sur le niveau de la dette publique. D'après ces études, des gouvernements homogènes, disposant d'une majorité parlementaire stable, étaient associés à de meilleures performances budgétaires que des gouvernements constitués de membres de partis ayant des électorats et des orientations idéologiques différents. Ces études montraient également que l'instabilité gouvernementale se traduisait par de mauvaises performances budgétaires.

Le tableau suivant, qui provient de l'étude de Roubini et Sachs permet d'illustrer ce phénomène.[130] Il montre la forte influence exercée par la composition du gouvernement sur le rythme de croissance de la dette publique pour la période allant de 1975 à 1985.

---

[130] Nouriel Roubini et Jeffrey Sachs. « Political and Economic Determinants of Budget Deficits in the Industrial Democracies ». *European Economic Review* Vol. 33. 1989.

Tableau 6.1. Hausse de la dette publique et composition du gouvernement[131]

Pays	*Dette*	*Composition du gouvernement*	*Hausse*
Bel	115	Coalitions multipartites	6,16
Irl	98	Coalitions multipartites	5,8
DK	75	Coalitions multipartites	4,53
Suè	58	Petites coalitions	4,41
Ita	78	Coalitions multipartites	3,65
Jap	69	Gouvernements homogènes	2,86
Au	48	Petites coalitions	2,34
PB	67	Coalitions multipartites	2,19
All	40	Petites coalitions	2,12
Fin	16	Présidentiel avec petites coalitions	1
Fr	31	Présidentiel avec petites coalitions	0,57
USA	54	Présidentiel-gouvernements divisés	0,25
RU	50	Gouvernements homogènes	- 0,97

Liste des pays : *Belgique, Irlande, Danemark, Suède, Italie, Japon, Autriche, Pays-Bas, Allemagne, Finlande, France, Etats-Unis, Royaume-Uni.*

---

[131] La dette publique est exprimée en pourcentage du PIB et concerne l'année 1985. Les données sur la dette publique proviennent d'Ameco (site de la direction des Affaires économiques et financières de la Commission européenne). Les autres données du tableau figurent chez Roubini et Sachs. Pour la composition du gouvernement, une coalition multipartite est un gouvernement auquel participent au moins trois partis politiques. Une petite coalition rassemble des partis proches d'un point de vue idéologique. Roubini et Sachs effectuent une distinction entre les régimes présidentiels et les régimes parlementaires. Bien que la France et la Finlande présentent certaines caractéristiques d'un régime parlementaire (responsabilité du gouvernement devant le parlement), Roubini et Sachs les classent dans les régimes présidentiels. Les Etats-Unis sont qualifiés de régime présidentiel avec gouvernements divisés en raison du décalage entre l'orientation politique du président et celle de la majorité au Congrès. La dernière colonne présente la hausse du taux d'endettement public net annuel moyen, en pourcentage du PIB, de 1975 à 1985.

D'après ces auteurs, le ralentissement de la croissance et la hausse du chômage à partir du milieu des années 1970 ont déstabilisé les finances publiques de la plupart des pays de l'OCDE. Mais la dette publique a moins augmenté dans les pays avec un régime présidentiel (Etats-Unis, France, Finlande) ou dans les pays avec des gouvernements homogènes ou des gouvernements de coalition à deux partis (Allemagne) que dans les pays dirigés par des coalitions multipartites (Belgique, Irlande, Italie, Pays-Bas et Danemark). Ces auteurs expliquaient ce phénomène par la difficulté pour les gouvernements de coalition multipartite à gérer les pressions émanant des groupes d'intérêt.[132] Avec des gouvernements de ce type, en l'absence de procédure de coopération efficace, chaque parti défend en priorité le point de vue qui correspond à son orientation idéologique et aux intérêts de son électorat. Cette situation de non-coopération se traduit en matière budgétaire par un biais pour le déficit. Et c'est en Belgique, où la dette publique atteignait 115 % du PIB en 1985, que ce phénomène avait le plus joué avec des gouvernements de coalition faibles, une forte instabilité gouvernementale et un système partisan fractionné en fonction de clivages non seulement idéologiques mais également linguistiques.

En ce qui concerne la France, sa dette publique en 1985 était plus faible que dans l'ensemble des autres pays (à

---

[132] Cette difficulté correspond au problème des biens communs. Selon le problème des biens communs, les groupes d'intérêt font pression sur les dirigeants politiques pour obtenir des prestations en faveur de leurs membres, qui sont financées par le recours à l'endettement, qui repose sur la collectivité dans son ensemble. Dans la mesure où chaque groupe a intérêt à obtenir des hausses de la dépense en faveur de ses membres, c'est l'addition de ces hausses successives qui explique cette propension à la hausse permanente de l'endettement. Le biais pour le déficit est d'autant plus fort que le processus de prise de décision est soumis à l'influence des groupes d'intérêt.

l'exception de la Finlande). De 1975 à 1985, la dette publique française avait certes augmenté. Mais cette augmentation s'était effectuée à un rythme beaucoup moins rapide que dans la plupart des autres pays. D'après l'approche institutionnelle, cette moindre augmentation s'expliquait par les institutions de la Ve République, qui permettent une procédure budgétaire centralisée autour du ministre des Finances. Celui-ci peut imposer ses orientations budgétaires aux ministres dits dépensiers. Et le gouvernement a en principe la possibilité de faire adopter ses projets de budget par le Parlement.[133]

Dans leur étude, Roubini et Sachs consacraient cinq pages à l'année 1958 en France. Ils mettaient en parallèle les transformations institutionnelles – passage d'un régime parlementaire avec des gouvernements de coalition multipartite et une forte instabilité gouvernementale à un régime basé sur un pouvoir exécutif fort – et les changements en termes de performances budgétaires – déficits publics sous la IVe République et budgets publics équilibrés à partir de 1958. Ces auteurs considéraient le passage de la IVe à la Ve République comme une illustration type de l'influence des institutions sur les performances budgétaires.[134]

---

[133] Il est en principe soutenu par une majorité disciplinée. Et des dispositions constitutionnelles limitent le pouvoir du Parlement en matière budgétaire.

[134] Les budgets publics de la IVe République avaient d'une part à supporter la guerre d'Indochine jusqu'en 1954 puis la guerre d'Algérie. Par ailleurs ils subissaient l'influence de la forte instabilité gouvernementale et le fait que les gouvernements étaient des gouvernements de coalition réunissant des partis politiques représentant des électorats et des intérêts divergents. De 1946 à 1958 il y eut en France 26 gouvernements successifs, ce qui correspond à une durée moyenne de vie de près de 6 mois par gouvernement. L'adoption des budgets constituait une opération longue et difficile. Elle supposait des négociations et des compromis, dans un premier temps entre les membres du gouvernement qui représentaient les

2. Des gouvernements sous surveillance

Comparativement à la dette publique dans les autres pays de l'OCDE, la dette publique française resta faible jusqu'au milieu des années 1990 (colonne 1 du tableau 6.2 : année 1995). Certes, de 1985 à 1995 elle était passée de 31 % à 55 % du PIB, sous l'effet notamment des taux d'intérêt réels élevés et de la récession de 1993, ainsi que nous l'avons vu au chapitre précédent. Mais comme la dette publique avait augmenté dans la plupart des autres pays, en partie pour des raisons analogues, en 1995, la France était encore l'un des pays ayant la dette publique la plus faible, à égalité avec l'Allemagne et la Finlande.[135] Seul le Royaume-Uni avait une dette publique plus faible (48 % du PIB). En Belgique et en Italie en revanche, elle atteignait en 1995 les niveaux record respectivement de 131 % et 117 % du PIB. (Colonne 2 du tableau 6.2).

Cependant, au cours de la période 1995-2007, la situation s'inversa et les performances budgétaires de la France furent moins bonnes que dans la plupart des autres pays.

---

points de vue de leurs partis respectifs, et dans un second temps entre le gouvernement et les parlementaires. Pour obtenir une majorité prête à adopter le budget, qui devait être voté article par article, il fallait accepter de nombreux amendements. Cette procédure était coûteuse à la fois en temps mais également en termes de hausses de la dépense et de déficits. En juin 1958, au moment du retour au pouvoir du général de Gaulle, le budget de l'année 1958 n'avait pas encore été adopté.

[135] Les seuls pays où la dette a baissé de 1985 à 1995 sont l'Irlande et le Danemark. Elle a augmenté partout ailleurs.

Tableau 6.2. Evolution de la dette publique entre 1995 et 2007 [136]

Pays	*1995*	*2007*	*Evolution*
Irlande	79	24	- 55
Belgique	131	87	- 44
Danemark	71	27	- 44
Canada	100	65	- 35
Suède	70	38	- 32
Pays-Bas	74	43	- 31
Espagne	62	36	- 26
Finlande	55	34	- 19
Italie	117	100	- 17
Etats-Unis	69	64	- 5
Royaume-Uni	48	44	- 4
Autriche	68	65	- 3
Allemagne	55	63	8
France	55	64	9
Japon	95	183	88

Lecture : *La dette publique de l'Irlande représentait 79 % du PIB en 1995 et 24 % du PIB en 2007, soit une diminution de 55 points.*

En effet, pendant cette période, qui se situe entre les deux crises ayant provoqué des récessions importantes - la crise du début des années 1990 et la crise des subprimes de 2007-2008 - la dette publique poursuivit son augmentation en France alors qu'elle baissa dans pratiquement tous les pays (colonne 4 du tableau 6.2). Et c'est dans les pays dirigés par des coalitions multipartites que cette baisse fut la plus forte (Irlande, Belgique, Danemark, Pays-Bas …). Les seuls pays où elle augmenta furent la France, l'Allemagne et le Japon.

Selon les auteurs de la thèse institutionnelle, ce sont également des facteurs institutionnels qui permettent de rendre compte de ce décalage entre la France et la plupart des autres pays. De nombreux pays introduisirent au cours

[136] Les données proviennent d'Ameco.

des années 1990 des réformes dans la procédure budgétaire, basées sur la mise en place de règles budgétaires et de comités budgétaires. Dans certains pays, ces réformes constituèrent une réponse aux crises des finances publiques qu'ils avaient connues au début des années 1990. Dans d'autres pays, elles résultèrent d'une volonté de mise en conformité avec les règles budgétaires du traité de Maastricht et du Pacte de stabilité et de croissance dans la perspective d'une participation à la zone euro. Nous présentons de façon successive les règles budgétaires et les comités budgétaires et la façon dont ces dispositifs exercent une influence sur la conduite de la politique budgétaire.

3. Les règles budgétaires.

Une règle budgétaire consiste en une cible numérique portant sur un agrégat clé des finances publiques (solde budgétaire, dette publique, niveau de la dépense publique ou recettes publiques) qui s'impose aux dirigeants politiques pour une période de temps donnée. L'objectif des règles budgétaires est de constituer un cadre contraignant afin de contrer le biais pour le déficit auquel ils sont supposés être soumis. Même si le degré de contrainte des règles budgétaires dépend d'un grand nombre de facteurs, à la fois politiques et juridiques, et peut être par conséquent très variable, leur efficacité en termes de discipline budgétaire résulte en principe du coût politique subi par les dirigeants politiques en cas d'absence de respect des règles.

Au cours des années 1990 des règles budgétaires furent adoptées dans la plupart des pays dirigés par des gouvernements de grande coalition.[137] Dans ces pays, où,

[137] Un gouvernement de grande coalition est un gouvernement constitué de représentants de partis politiques éloignés d'un point de

du fait du mode de scrutin proportionnel, aucun parti politique ne parvient à avoir la majorité absolue des élus, les partis politiques ont pour tradition d'engager au lendemain des élections législatives des négociations en vue de la formation du gouvernement. Ces négociations aboutissent à la signature d'un accord de coalition qui contient, sous la forme d'engagements, les dispositions du programme de gouvernement pour la durée de la législature.

L'adoption de règles budgétaires dans ces pays consista à insérer dans les accords de coalition des budgets pluriannuels avec des cibles numériques, portant sur la durée de la législature.[138]

Selon les auteurs de la thèse institutionnelle, l'efficacité de ce dispositif provient du fait que les cibles numériques figurant dans les accords de coalition ont été au préalable négociées. Leur insertion dans les accords de coalition engage les dirigeants des partis politiques qui forment la coalition. Une absence de respect des cibles obligerait les

---

vue idéologique. Si l'on excepte le cas de l'Italie pendant les années 1980, les pays dirigés par des gouvernements de grande coalition correspondent aux pays dirigés par des coalitions multipartites évoqués dans le tableau 6.1 (Belgique, Irlande, Danemark, Pays-Bas).

[138] Un exemple significatif à cet égard est constitué par les Pays-Bas. La pratique des budgets pluriannuels avait été adoptée à partir de 1983. L'objectif recherché était une réduction des déficits et de la dépense publics. Les résultats en termes de discipline budgétaire furent cependant considérés comme décevants et la dette publique continua à augmenter. C'est en 1994 avec la formation du gouvernement de coalition travaillistes-libéraux dirigé par le Premier ministre Wim Kok que fut adoptée la pratique consistant à insérer des budgets pluriannuels avec des cibles numériques dans l'accord de coalition. L'utilisation de prévisions macroéconomiques prudentes au moment de la détermination des cibles eut pour effet que les objectifs contenus dans les cibles furent dépassés. Et en 1998, au lendemain des élections législatives qui permirent le maintien au pouvoir de la coalition travaillistes-libéraux, le dispositif fut reconduit.

membres de la coalition à une renégociation des cibles, ce qui se traduirait par un coût politique et pourrait entrainer la chute du gouvernement. Ces cibles numériques constituent des règles budgétaires souples. Elles sont fixées pour une durée déterminée. Elles peuvent être renégociées. Les incitations à respecter ces règles ne sont pas de nature juridique mais de nature politique.

D'autres pays se dotèrent de règles budgétaires au cours des années 1990. La Suède adopta à la fin des années 1990 une règle d'excédent budgétaire portant sur le solde moyen calculé sur la durée du cycle ainsi qu'un plafond triennal de la dépense. Le Royaume-Uni adopta en 1997 sous le gouvernement travailliste dirigé par Tony Blair un code de stabilité budgétaire basé sur une règle d'or et un plafond de la dette publique. [139] L'Espagne adopta en 2001 sous le gouvernement dirigé par José Maria Aznar, du parti populaire espagnol, une loi de stabilité budgétaire comprenant des règles d'équilibre budgétaire pour l'Etat, les communautés autonomes et les municipalités.

4. Les comités budgétaires

Le second dispositif est basé sur les comités budgétaires. Les comités budgétaires sont des organismes indépendants du pouvoir politique et qui interviennent en matière de politique budgétaire. Les missions qui leur sont dévolues sont variables.

Le premier type de missions porte sur l'établissement des prévisions macroéconomiques. L'objectif est de

---

[139] Une règle d'or est une règle d'équilibre pour le budget de fonctionnement, qui permet le recours à l'emprunt pour l'investissement public. La règle d'or britannique de 1997 était une règle d'équilibre du solde courant moyen du budget de l'Etat calculé sur la durée du cycle

contrer la tendance des dirigeants politiques à annoncer des objectifs budgétaires sur la base de prévisions de croissance optimistes et de constater dans un second temps que les objectifs ne peuvent pas être tenus en raison d'une croissance insuffisante. Dans certains pays, cc sont les comités budgétaires qui établissent les prévisions macroéconomiques utilisées par les gouvernements pour l'établissement des budgets (Autriche, Belgique, Pays-Bas et Royaume-Uni depuis 2010). Dans d'autres pays, les comités budgétaires donnent un avis sur la qualité des prévisions macroéconomiques effectuées par le gouvernement (Suède depuis 2007, Royaume-Uni de 1997 à 2010).[140] Certains pays ont adopté d'autres combinaisons pour contrer la tendance au recours à des prévisions optimistes. En Irlande, les gouvernements utilisent les prévisions macroéconomiques effectuées par des organismes internationaux. Au Luxembourg, les gouvernements retiennent la prévision de croissance la plus faible parmi les prévisions réalisées par trois organismes : l'Institut national de la statistique et des études économiques du Grand-duché (Statec), la Commission européenne et l'OCDE.

Le second type de missions consiste en des activités d'analyse. Ces analyses portent sur le respect des règles budgétaires, sur la soutenabilité des finances publiques ou sur l'impact budgétaire de différentes politiques publiques. Dans certains pays, ces analyses ne se limitent pas au domaine budgétaire et portent sur d'autres domaines de la politique macroéconomique, tels l'emploi ou la croissance du PIB (en Suède par exemple). Le troisième type de missions correspond à des activités d'ordre normatif. Les comités budgétaires effectuent des prises de position par

[140] C'est également le cas en France depuis 2013 où le Haut conseil des finances publiques se prononce sur la qualité des prévisions macroéconomiques effectuées par le gouvernement.

rapport à la politique budgétaire suivie ainsi que des recommandations.

Dans certains pays les comités budgétaires ont un mandat large et exercent ces trois types d'activité (Danemark, Pays-Bas, Suède). Dans d'autres pays ils sont spécialisés dans un seul type d'intervention. En dehors des missions consistant à effectuer les prévisions macroéconomiques utilisées par les gouvernements, les comités budgétaires n'ont pas de pouvoir décisionnel. Leur rôle consiste en des prises de position ayant pour but d'informer l'opinion publique. Leur influence sur la conduite de la politique budgétaire dépend de l'impact qu'ont leurs prises de position dans l'opinion publique. Leurs interventions ont pour effet d'accroître les incitations politiques au respect des règles budgétaires.

5. Le biais pour le déficit et l'influence des institutions

D'une façon générale, l'idée commune à l'ensemble des travaux mettant l'évolution de la dette publique sur le compte des institutions est l'existence d'un biais pour le déficit chez les dirigeants politiques, c'est-à-dire une propension à effectuer des déficits publics plus élevés que les soldes correspondant à une politique budgétaire optimale. En démocratie, les dirigeants politiques sont placés au cœur d'aspirations contradictoires émanant des citoyens, qui sont à la fois contribuables, bénéficiaires de dépenses publiques (en tant qu'utilisateurs de biens publics) mais également électeurs. Le biais pour le déficit résulte d'un défaut de coordination entre ces aspirations contradictoires, qui se traduit par exemple par le fait que les dirigeants politiques procèdent à des hausses de la dépense publique sans procéder à des hausses équivalentes d'impôts ou à l'inverse engagent des baisses d'impôts sans effectuer de baisses équivalentes de la dépense publique. Il existe deux types d'explications du biais pour le déficit, le problème des biens communs et le court-termisme.

Si le biais pour le déficit émane d'un problème des biens communs, la solution réside selon les auteurs de la thèse institutionnelle dans une centralisation du pouvoir budgétaire en faveur des dirigeants politiques les moins exposés à l'influence des groupes d'intérêt. Cela revient à assurer la prééminence du ministre des Finances sur les ministres dépensiers pendant la phase d'élaboration du projet de budget et la prééminence de l'exécutif sur les parlementaires pendant la phase de vote du budget. Jusqu'au milieu des années 1990, l'avantage des gouvernements homogènes ou des gouvernements de petite coalition en matière de discipline budgétaire provenait du fait qu'ils permettaient mieux une telle centralisation que les gouvernements de grande coalition.[141] Cet avantage a pris fin au cours des années 1990. Les pays dirigés par des gouvernements de grande coalition ont mis en place des procédures de coordination basées sur l'engagement autour de cibles numériques.

L'autre facteur du biais pour le déficit est le court-termisme des dirigeants politiques. Alors que le problème des biens communs résulte d'une distorsion dans le processus de prise de décision au détriment de l'intérêt collectif, le court-termisme correspond à une distorsion au détriment du point de vue du futur. Plusieurs explications sont proposées par les auteurs de la thèse institutionnelle pour rendre compte du court-termisme. Selon un premier type d'explications, le court-termisme des dirigeants politiques ne ferait que refléter le court-termisme des citoyens. En principe, des agents économiques rationnels effectuent une appréciation convenable de la dimension

---

[141] Sur ce point cf. Mark Hallerberg, Rolf Strauch et Jürgen von Hagen. *Fiscal Governance in Europe*. Cambridge University Press. 2009.

intertemporelle de la contrainte budgétaire. Ils ont conscience du fait que les déficits publics d'aujourd'hui seront suivis d'une hausse des impôts demain. Mais les agents économiques ne sont pas nécessairement rationnels. Le court-termisme résulte d'une tendance à survaloriser le présent et à ne pas se soucier du futur.

Le second type d'explications porte sur le court-termisme spécifique des dirigeants politiques. Le degré de dépréciation du futur est plus élevé chez les dirigeants politiques que chez les citoyens dans la mesure où l'horizon temporel des dirigeants politiques est constitué par les prochaines échéances électorales. Pour gagner les élections il est rationnel de baisser les impôts et d'augmenter la dépense publique. Le coût de telles mesures se fait sentir à long terme, lorsque la dette publique a atteint un niveau élevé. Mais ce sont d'autres dirigeants politiques qui devront gérer cette situation. A l'inverse, effectuer un ajustement budgétaire est irrationnel. Le coût politique et électoral de l'ajustement est supporté par les dirigeants politiques qui l'ont entrepris et qui risquent de le payer en terme électoral, alors que les effets positifs de cet ajustement, en termes de réduction de la dette publique et de gains en termes de marge de manœuvre budgétaire, bénéficieront aux dirigeants politiques du parti politique concurrent, qui aura gagné les élections.

Si le court-termisme provient non pas des citoyens mais des dirigeants politiques, ceux-ci devraient en principe être sanctionnés par les électeurs. Et la perspective de cette sanction électorale devrait inciter les dirigeants politiques à la discipline budgétaire. Ce n'est cependant pas nécessairement le cas. Les questions budgétaires ne constituent pas nécessairement l'enjeu principal des élections. Il se pose par ailleurs le problème de l'information et de la compétence des électeurs. Une des caractéristiques de la démocratie représentative est que les électeurs délèguent le pouvoir de prendre des décisions à des représentants qui ont l'information et la compétence dans des domaines complexes d'un point de vue technique. Les dirigeants politiques peuvent exploiter cette situation pour tromper les électeurs sur la véritable situation des finances publiques.

Le but des règles et des comités budgétaires est de contrer le court-termisme des dirigeants politiques en fixant des repères et en informant l'opinion publique sur la politique budgétaire menée par les dirigeants politiques.

6. Les institutions et la grande récession

La récession de 2009 et la stagnation prolongée qui s'est produite les années suivantes ont mis un terme à la baisse des dettes publiques qui était à l'œuvre dans la majorité des pays de l'OCDE depuis le milieu des années 1990. De 2007 à 2015 la dette publique a augmenté dans la totalité des pays de l'OCDE.

Tableau 6.3. Niveau des dettes publiques en 2007 et en 2015 dans les pays de l'OCDE.[142]

Pays	*2007*	*2015*	*Augmentation*
Irlande	24	94	70
Japon	183	245	62
Espagne	36	99	63
Royaume-Uni	44	89	45
Etats-Unis	64	106	42
Italie	100	133	33
France	64	96	32
Finlande	34	63	29
Pays-Bas	43	65	22
Autriche	65	86	21
Belgique	87	106	19
Danemark	27	40	13
Allemagne	63	71	8
Suède	38	43	5

Par ailleurs, pour la période 2007-2015, ce sont les facteurs économiques qui constituent les facteurs explicatifs principaux de l'évolution des dettes publiques. Ce sont les pays les plus frappés par la crise économique (Irlande, Espagne, Royaume-Uni) qui subirent les augmentations de dettes publiques les plus fortes. Quant à la France, qui entre 1995 et 2007 présentait des performances budgétaires moins bonnes que la plupart des autres pays de l'OCDE, elle se situait pour la période 2007-2015 en situation intermédiaire quant au rythme d'augmentation de sa dette publique.

En fait, dans de nombreux pays, la crise économique conduisit les dirigeants politiques à abroger ou à aménager les règles budgétaires qui étaient en vigueur. Au Royaume-Uni ainsi qu'en Espagne, où l'ampleur de la récession et le niveau élevé des déficits publics les avaient rendues inapplicables, elles furent abrogées avant d'être

---

[142] Les données proviennent d'Ameco.

remplacées par de nouvelles règles compatibles avec des hausses transitoires de la dette publique. Au Royaume-Uni, le code de stabilité budgétaire, suspendu en 2008, fut remplacé en 2010 par un dispositif basé sur deux cibles budgétaires et un comité budgétaire.[143] En Espagne, les règles d'équilibre budgétaire, supprimées en 2009, furent remplacées en 2011 et 2012 par des règles constitutionnelles instituant des cibles à l'horizon 2020.[144] Dans les pays dirigés par des gouvernements de grande coalition, les cibles numériques firent l'objet de renégociations afin de tenir compte de la dégradation des finances publiques générée par la récession. Même en Suède, qui est le pays où la dette publique a le moins augmenté, le Conseil de la politique budgétaire a dans un rapport datant de 2014 estimé peu probable que la règle d'excédent budgétaire sur la durée du cycle puisse être respectée à l'horizon 2018.[145]

Dans cet ensemble général d'augmentation des dettes publiques et de remise en question des dispositifs

---

[143] Les deux cibles sont le mandat budgétaire et la cible supplémentaire. Le mandat budgétaire stipule que les prévisions budgétaires doivent viser un solde structurel courant à l'équilibre à l'horizon de 5 années, de façon glissante. La cible supplémentaire stipule une diminution de la dette nette par rapport au PIB à partir de l'année budgétaire 2015-2016. Quant au comité budgétaire, il s'agit de l'Office de responsabilité budgétaire. Il est notamment chargé d'effectuer les prévisions macroéconomiques que le gouvernement utilise pour l'établissement des budgets.

[144] Il s'agit d'une cible d'équilibre structurel pour le solde budgétaire et d'un plafond de la dette publique fixé à 60% du PIB.

[145] Swedish Fiscal Policy. Report of the Fiscal Policy Council. 2014. Dans son rapport de 2014, le Conseil de la politique budgétaire (le comité budgétaire suédois) justifiait cette déviation par rapport à la règle par l'ampleur et la durée du ralentissement économique. Il considérait par ailleurs qu'elle ne constituait pas un danger pour la soutenabilité des finances publiques, dans la mesure où le gouvernement s'était engagé à atteindre un surplus budgétaire de 1% pour 2018

institutionnels anti-dette, l'Allemagne constitue une exception. Elle remplaça en 2009 sa règle d'équilibre du budget de fonctionnement qui datait de 1969 par une règle constitutionnelle imposant l'équilibre structurel.[146] Et cette réforme eut pour effet de mettre fin à la hausse ininterrompue qu'avait connue sa dette publique du milieu des années 1970 à 2010. A partir de cette date celle-ci amorça une décrue et passa de 81 % à 75 % du PIB, de 2010 à 2015, dans un contexte économique plus favorable que celui de la plupart des autres pays de l'OCDE.

---

[146] L'Allemagne fédérale a des règles budgétaires constitutionnelles depuis sa création en 1949. La version initiale de l'article 115 de la Loi fondamentale stipulait que l'Etat ne pouvait effectuer des emprunts qu'en cas de besoins exceptionnels et seulement en vue de dépenses dites productives. Ces dispositions furent remplacées en 1969 par une règle qui imposait l'équilibre pour les budgets de fonctionnement, sauf en cas de perturbation de l'équilibre macroéconomique, et permettait des déficits dans la limite du montant des dépenses d'investissement. La règle allemande de 1969, considérée comme inefficace, fut remplacée en 2009 par une règle imposant l'équilibre structurel.

Chapitre 7 : Ce que les dirigeants politiques ne disent pas

Frits Bolkenstein :

« Je voudrais revenir sur Keynes. Sa théorie est admirable mais « cloche » à cause de la politique : très sommairement, sa théorie pose que dans une situation de faiblesse de l'économie, il faut que l'Etat injecte de l'argent dans l'économie pour créer de l'emploi, premier temps, et, second temps, que l'Etat récupère cet argent lorsque les choses vont mieux. Eh bien, si la première partie est admirable, la seconde ne fonctionne pas à cause de la politique. Dans mes allocutions « électorales », j'ai pu dire qu'il est aussi difficile pour un homme politique de mener une politique budgétaire saine qu'il l'est pour un chien d'être propriétaire d'un magasin de saucissons »

Michel Rocard :

« Je suis bien d'accord avec ce que vous avez dit sur Keynes (...) Quant au chien sur le saucisson, c'est une image heureuse » [147]

La comparaison de l'évolution des dettes publiques entre la France et de nombreux autres pays de l'OCDE entre 1995 à 2007 conduit à poser l'hypothèse d'une politique budgétaire française soumise à un biais pour le déficit pendant cette période. Les chapitres 7 et 8 ont pour

---

[147] Frits Bolkenstein et Michel Rocard. *Peut-on réformer la France ? Propos recueillis par Bertrand Richard.* Editions Autrement. Paris. 2006. Pages 82-83 et page 87.

objet d'approfondir ce point. Notre modèle de référence d'une politique budgétaire non soumise à un biais pour le déficit est celui d'une politique budgétaire contracyclique, c'est-à-dire d'une politique budgétaire qui accepte les augmentations de la dette publique pendant les périodes de récession ou de faible croissance du PIB (les périodes basses du cycle économique) et qui utilise les marges de manœuvre budgétaire générées par les périodes de forte croissance (les périodes hautes du cycle économique) pour baisser la dette.[148] Par rapport à ce modèle de référence, des politiques soumises à un biais pour le déficit sont des politiques qui acceptent les hausses de la dette publique en période basse du cycle économique mais qui n'utilisent pas les périodes hautes du cycle économique pour réduire la dette publique. Il s'agit de politiques contracyliques en bas du cycle économique et procycliques en haut du cycle économique.

Nous analysons dans cette perspective les politiques budgétaires menées en France à partir du milieu des années 1980.

1. Les bons comptes de Balladur et de Rocard

Au début des années 1980, la croissance du PIB avait été faible (1,6 % du PIB en moyenne annuelle de 1980 à 1985). La France connaissait un décalage conjoncturel par rapport aux principaux pays de l'OCDE. La relance de 1981-1982 avait été effectuée en période de récession mondiale. Et à partir de 1983, alors que la plupart des pays de l'OCDE étaient en phase de reprise, l'économie

[148] Une forte croissance du PIB augmente le rendement des impôts, à taux d'imposition inchangé. Par ailleurs, lorsque la croissance du PIB est forte, certaines dépenses publiques diminuent (les dépenses d'indemnisation du chômage par exemple, suite à la diminution du chômage)

française subissait les effets récessifs du plan de stabilisation Delors. C'est à partir de 1986 que, stimulée par la chute du prix du pétrole, la reprise se fit également sentir en France. La croissance fut de 2,5 % en 1986 et en 1987 et de plus de 4 % en 1988 et 1989. D'un point de vue budgétaire, cette reprise eut pour effet une amélioration du solde public, du fait principalement d'un meilleur rendement des impôts. Les gouvernements qui bénéficièrent de cette situation furent le gouvernement Chirac de la première cohabitation (1986-1988) et le gouvernement Rocard (1988-1991)

Le gouvernement Chirac utilisa une partie de cette manne budgétaire pour baisser les impôts.[149] A l'occasion du compte-rendu de cette période, Edouard Balladur, qui était ministre de l'Economie et des Finances dans le gouvernement Chirac, expliqua qu'il était parvenu à baisser à la fois le déficit public et les impôts, sans mentionner l'amélioration de la conjoncture dont il avait bénéficié.

« *Cela dit, quand on gouverne, il faut imposer son point de vue. J'étais détenteur de l'autorité, j'entendais bien l'exercer. Rien de ce que l'on m'avait d'ailleurs prédit ne s'est d'ailleurs réalisé (...) la baisse du déficit était quasi-impossible, compte tenu du besoin des administrations, nous l'avons ramené de 160 à 100 milliards ; les baisses d'impôt devaient priver l'Etat de ressources indispensables, nous avons baissé les impôts de 100 milliards et il y a eu après notre départ malheureusement un afflux de recettes fiscales supplémentaires qui, pour la seule année 1988, a été de 50 milliards* »[150]

[149] L'impôt sur le revenu fut abaissé. L'impôt sur la grande fortune fut supprimé.
[150] Edouard Balladur. *Deux ans à Matignon*. Plon. 1995. Page 45.

C'est cependant sous le gouvernement de Michel Rocard que la phase haute du cycle économique fut atteinte. Michel Rocard mena une politique de réhabilitation de la dépense publique. Il mit notamment en place le RMI (le revenu minimum d'insertion) et procéda à une revalorisation des rémunérations dans la fonction publique. Et il put financer ces mesures nouvelles sans augmenter les impôts ni creuser le déficit public (celui-ci fut même légèrement réduit) du fait d'un afflux de recettes conjoncturelles.[151]

Pas plus qu'Edouard Balladur cependant, il ne fait état de la situation conjoncturelle favorable dont il bénéficia lorsqu'il était à Matignon et il estime lui également avoir réduit le déficit public

« *Quand Mitterrand a décidé de me renvoyer, il lui a fallu tout de même trouver une raison. Alors il a fabriqué l'argument que je ne faisais rien pour limiter le déficit de la Sécurité sociale. Le régime de la Sécurité sociale avait été, en gros, en équilibre dans les années 1980 (...) Dans ma deuxième année de pouvoir, en 1990, on a vu poindre un déficit – dérisoire, en regard de l'actuel « trou » (...) Mais pendant ce temps j'ai ramené le déficit de l'Etat de 135 milliards de francs à 115 milliards de francs pour 1989, à 100 milliards tout juste pour 1990, et à 90 milliards de francs pour 1991 (...) Et Mitterrand de tempêter sur son thème favori « Rocard ne fait rien »* »[152]

---

[151] Michel Rocard procéda cependant au rétablissement de l'impôt sur la grande fortune en instituant l'impôt de solidarité sur la fortune. Mais cet impôt représentait un montant financier faible. La création de la contribution sociale généralisée quant à elle fut effectuée en compensation d'une diminution des cotisations sociales et ne représente par conséquent pas une augmentation de la fiscalité.

[152] Michel Rocard. *Si la gauche savait. Entretiens avec Georges-Marc Benamou*. Robert Laffont. Page 2005. Page 296.

Pour évaluer l'évolution de la situation budgétaire pendant ces deux périodes, il faut effectuer la distinction entre les deux composantes du solde budgétaire effectif, le solde conjoncturel et le solde structurel. Le solde conjoncturel est la partie du solde budgétaire influencée par l'état de la conjoncture. Il est par définition excédentaire en haut du cycle économique et déficitaire en bas du cycle économique. Le solde structurel est la partie du solde qui n'est pas influencée par l'état de la conjoncture. C'est le solde structurel qui constitue l'indicateur pertinent pour évaluer l'état des finances publiques. Le solde structurel est malheureusement peu visible. [153] Les dirigeants politiques et l'opinion publique ont l'habitude de se baser sur l'évolution du solde effectif, qui est le solde dans son ensemble.

Que s'est-il passé pendant ces deux périodes ? Edouard Balladur a bénéficié d'une amélioration du solde conjoncturel. En baissant les impôts il a détérioré le solde structurel. Comme la détérioration du solde structurel a été plus faible que l'amélioration du solde conjoncturel, il peut cependant faire état d'une baisse du déficit. Michel Rocard a bénéficié d'une nouvelle amélioration du solde conjoncturel. En augmentant la dépense, il a à nouveau détérioré le solde structurel. Et il peut également faire état d'une diminution du déficit public.[154] Et la dégradation de la situation des finances publiques, effectuée

---

[153] Le solde structurel est un solde théorique. Il ne peut pas être mesuré mais uniquement calculé.

[154] Les déficits publics effectifs ont légèrement diminué de 1985 à 1990 (de 2,9 % du PIB en 1985 à 2,4 % du PIB en 1990). Mais cette diminution est trompeuse. Pendant cette période, le déficit structurel est passé de 1,8 % à 3,8 % du PIB, ce qui correspond à une dégradation de 2 points. Quant au solde structurel primaire, qui exclut du solde les intérêts payés, il a connu une dégradation de 1,9 point. Et c'est pendant le gouvernement Rocard que la dégradation du solde structurel a été la plus forte.

successivement par Edouard Balladur et par Michel Rocard devint visible après le retournement conjoncturel du début des années 1990, lorsqu'au déficit structurel, qu'ils avaient creusé, s'est ajouté le déficit conjoncturel.

2. L'embarras de Balladur

Le ralentissement économique se produisit à partir de 1990 (une croissance de 2,6 % en 1990 et de 1 % en 1991). Mais à la différence des Etats-Unis et du Royaume-Uni qui furent en récession en 1991, c'est en 1993 que la France connut la récession (une baisse du PIB de 0,9 %). Les gouvernements socialistes successifs (Rocard, Cresson puis Bérégovoy) ignorèrent ce ralentissement économique dans l'élaboration des lois de finances. Les budgets de l'Etat des années 1991 et 1992 furent votés avec des déficits de 90 milliards de francs alors qu'ils s'élevèrent au bout du compte à 135 milliards de francs en 1991 et à 230 milliards de francs en 1992. Et le budget de l'année 1993 (qui fut une année de récession) fut élaboré sur la base d'une prévision de croissance de 2,6 %.[155] C'est cependant pendant la période où Edouard Balladur fut Premier ministre que les déficits publics atteignirent leur niveau le plus élevé (6,4 % du PIB en 1993 et 5,5 % en 1994 et 1995). Lorsqu'il évoque cette période, Edouard Balladur prend soin de rappeler le poids de l'héritage au moment de sa nomination à Matignon. Par ailleurs il tient à donner de lui l'image d'un Premier ministre ayant réduit les déficits publics

« *J'ai commencé par la réduction des déficits publics. Il fallait apurer certains comptes. Nous étions sur une pente dangereuse. J'ai demandé à une commission*

[155] Cf. Pierre-François Gouiffès. *L'âge d'or des déficits*. Référence citée.

indépendante, présidée par le procureur général de la Cour des comptes, M. Jean Reynaud, de faire une évaluation de la situation budgétaire de l'Etat (...) Jamais le gouffre n'avait été aussi profond.
Quand j'ai quitté le ministère des Finances en 1988, le déficit était de 100 milliards. A mon arrivée à Matignon, en 1993, il était supérieur à 340 milliards »[156]

Ce discours traduit l'embarras d'un dirigeant politique, qui n'est pas de culture keynésienne, et qui est confronté à des déficits élevés en période de récession.

« *Comment y parvenir ? Certainement pas par « une autre politique » aggravant les déficits, affaiblissant le franc, provoquant la hausse des taux d'intérêt, mais par une action dans laquelle le soutien du retour à la croissance devait aller de pair avec une gestion financière plus rigoureuse. Chose parfois difficile à concilier : il fallait lutter contre les déficits, en attendant que la croissance produise de meilleures rentrées fiscales, pour favoriser la baisse des taux d'intérêt et restaurer la confiance dans le franc. En même temps, retrouver la croissance supposait de mettre dans l'économie un carburant qui faisait défaut. Cela nous a conduit à décider le remboursement du décalage d'un mois de la TVA, le grand emprunt et l'utilisation du produit des privatisations* »[157]

Il reflète les contradictions inhérentes à une posture d'orthodoxie budgétaire en période basse du cycle économique.

« *Dès le printemps, le déficit budgétaire a été ramené à 317 milliards. Pour convaincre les Français que l'Etat*

---

[156] Edouard Balladur. Idem. Page 86.
[157] Edouard Balladur. Idem. Page 86.

prenait sa part de l'effort collectif, j'ai décidé 20 milliards d'économies budgétaires. J'étais déterminé à recommencer l'année suivante, ce que j'ai fait. La grande difficulté était, comme toujours, de trouver des crédits supplémentaires pour atteindre les objectifs que je m'étais fixés, puisqu'il fallait à la fois diminuer les déficits et financer les actions nouvelles indispensables pour lutter contre le chômage et assurer une meilleure solidarité sociale »[158]

En fait, la politique budgétaire d'Edouard Balladur consista en un ensemble de mesures de stimulation de la demande d'une part (création d'une prime pour l'achat d'un nouveau véhicule par exemple) et d'économies budgétaires d'autre part. D'un point de vue global il mena une politique budgétaire que l'on peut qualifier de contracyclique passive. Pendant cette période en revanche, la politique monétaire fut, avec la politique du franc fort, fortement procyclique.

3. L'ajustement Juppé

Malgré le retour à une croissance modérée en 1994 et en 1995 (légèrement supérieure à 2 %), le niveau des déficits publics était resté largement supérieur au seuil des 3 % du traité de Maastricht, qui, dans la perspective de la participation à la monnaie unique, devait être atteint en 1997. Au moment où cette règle des 3 % avait été instituée, les déficits publics de la plupart des pays candidats à la future monnaie unique, dont celui de la France, étaient inférieurs à 3 %. Au lendemain de la récession de 1993 et de l'explosion des déficits publics qu'elle avait entrainée, le respect de cette règle à l'horizon 1997 supposait un ajustement budgétaire. Le rythme du

---

[158] Edouard Balladur. Idem. Page 87.

calendrier politique fit que c'est à Jacques Chirac, qui venait d'être élu président de la République en mai 1995, après une campagne électorale axée sur la réduction de la « fracture sociale » et la hausse des salaires, qu'incombait la mise en œuvre de cet ajustement. Il justifia son revirement par rapport à ses thèmes de campagne en invoquant, comme Edouard Balladur l'avait fait deux années auparavant, le poids de l'héritage.

« *L'état des finances publiques que le Premier ministre et moi-même trouvons en mai 1995 s'avère beaucoup plus dégradé que nous l'avions pensé ou estimé au cours des derniers mois. Nous héritons, il faut bien le dire, d'une situation calamiteuse, que le gouvernement précédent a soigneusement cachée au pays.*
Les déficits cumulés du budget de l'Etat et du régime général de la Sécurité sociale battent des records, atteignant 400 milliards de francs, soit près de 6 % du produit intérieur brut, et donnent hélas raison à Alain Juppé lorsqu'il brosse le tableau d'une France en quasi-faillite »[159].

Dès le mois de juillet 1995, le gouvernement dirigé par Alain Juppé adopta un collectif budgétaire prévoyant une série d'augmentations d'impôts.[160] Dans une logique

[159] Jacques Chirac. *Mémoires. Tome 2. Le temps présidentiel.* Nil Editions. Paris. 2011. Page 87.
[160] Ce collectif budgétaire prévoyait une hausse de la TVA de 2 points (passage d'un taux de 18,6 % à 20,6 %), une hausse de l'impôt sur les sociétés (IS) et une hausse de l'impôt de solidarité sur la fortune (ISF). Par ailleurs, à l'automne 1995, Alain Juppé annonça une réforme de la Sécurité sociale basée notamment sur l'allongement de la durée des cotisations pour le régime de retraite des fonctionnaires ainsi que pour les régimes spéciaux. Suite aux grèves de décembre 1995, la plus grande partie des dispositions de la réforme de la Sécurité sociale fut abandonnée.

keynésienne, un tel ajustement ne se justifiait pas. L'inflation était faible (1,7 %), les échanges extérieurs étaient excédentaires et la France subissait encore les effets en termes de chômage élevé de la politique du franc fort de la première moitié des années 1990. L'ajustement budgétaire Juppé entraina un ralentissement économique en 1996 (une croissance de 1,1 %) et qui se poursuivit pendant la première moitié de 1997. Et les faibles prévisions de croissance effectuées par le ministère des Finances début 1997 pour l'ensemble de l'année 1997 furent l'un des éléments qui poussèrent Jacques Chirac à dissoudre l'Assemblée nationale en avril 1997.[161]

Cet ajustement Juppé fit par la suite l'objet d'analyses contradictoires de la part des dirigeants politiques. Selon un premier point de vue il fut un échec politique. Ce point de vue, exprimé par Nicolas Sarkozy, reflétait le sentiment d'échec ressenti par de nombreux hommes politiques de droite au lendemain de la défaite électorale de juin 1997.

« *Car, depuis le désastre qu'a représenté la dissolution d'avril 1997, nous n'avons pas pu ou pas su reprendre pied dans le débat d'idées pour moderniser notre projet politique. Pas pu, d'abord parce qu'il a fallu vivre comme une véritable période de deuil les années 1997 et 1998. La déception provoquée par le bilan du gouvernement Juppé était telle qu'il était impensable de présenter aux Français un projet clé en main.* »[162]

Le regard porté sur l'ajustement Juppé est en adéquation avec l'appréciation négative d'ensemble portée sur les deux années du gouvernement Juppé, qui s'est construite autour de l'échec du projet de réforme des

---

[161] Jacques Chirac. *Mémoires. Tome 2. Le temps présidentiel.* Nil Editions. Paris. 2011. Page 196.
[162] Nicolas Sarkozy. *Libre.* Robert Laffont. Fixot. 2001. Page 41.

retraites de l'automne 1995, de la forte impopularité d'Alain Juppé dans les sondages d'opinion et de l'échec de la dissolution du printemps 1997.

« Je suis en effet convaincu que si Alain Juppé a dû finalement reculer lors des grandes grèves de l'hiver 1995-1996, ce n'est pas parce que la CGT, les cheminots ou la gauche étaient forts. C'est bien davantage parce que l'électorat de droite avait auparavant été traumatisé par le collectif budgétaire de 1995 et son cortège inutile de hausses d'impôts, et par le mécontentement des médecins, qui s'étaient sentis humiliés par la politique imposée (...)
Comment dans ces conditions, le gouvernement d'Alain Juppé aurait-il pu résister ? Ses adversaires étaient mobilisés. Ses partisans non seulement ne l'étaient pas mais, pire encore, souhaitaient eux aussi manifester leur mécontentement. Tous les ingrédients de la défaite se trouvaient réunis, bien avant que la décision de dissoudre n'ait été prise. »[163]

Dans la logique de ce point de vue, une bonne politique budgétaire pour un dirigeant politique est une politique conforme aux attentes de sa base électorale. Ce point de vue correspond à la thèse d'une politique budgétaire obéissant non pas à une rationalité économique mais à une logique politique.

Selon un second point de vue, l'ajustement Juppé fut un échec économique. Ce point de vue émanait des dirigeants politiques socialistes et résultait d'une lecture keynésienne de ses effets. Selon ce point de vue, l'ajustement Juppé fut un échec dans la mesure où, en provoquant un ralentissement économique, il ne serait pas parvenu à réduire les déficits publics. Et c'est le gouvernement Jospin, qui, à partir de juillet 1997, aurait pris les mesures

---

[163] Nicolas Sarkozy. Idem. Page 330.

budgétaires permettant de redresser les comptes publics et d'obtenir la qualification de la France pour l'euro. Le passage suivant, émanant de Dominique Strauss-Kahn, qui fut ministre de l'Economie et des Finances de juin 1997 à novembre 1999, exprime ce point de vue :

« *Au commencement était l'urgence : en juillet 1997, il fallait redresser nos comptes sans peser sur la croissance. C'est pourquoi, avec Lionel Jospin, nous avons choisi de faire appel aux entreprises – et non aux ménages – par un alourdissement temporaire de l'impôt sur les sociétés. J'avais négocié avec le CNPF de l'époque ce qui était une sorte d'investissement pour l'euro. Je crois que personne ne l'a regretté.* »[164]

Dominique Strauss-Kahn opposait l'ajustement budgétaire qu'il aurait effectué avec Lionel Jospin à partir de juillet 1997, qui aurait permis de ne pas peser de façon négative sur la croissance et par conséquent de qualifier la France pour l'euro, à l'ajustement budgétaire Juppé, qui en freinant la croissance, n'aurait pas permis une véritable amélioration des comptes publics.

« *En attendant, le critère de déficit budgétaire permettant à la France de se qualifier pour l'Union économique et monétaire fut respecté à la décimale près : fin 1997, le déficit français avait été ramené à 3,0 % du PIB. Nous étions loin des chiffres alarmistes (4,2 %) qui avaient été mis en exergue pour justifier la dissolution de l'Assemblée nationale par Jacques Chirac neuf mois auparavant* »[165]

---

[164] Dominique Strauss-Kahn. *La flamme et la cendre*. Grasset. 2002. Page 276.
[165] Dominique Strauss-Kahn. Idem. Page 270-271.

Le troisième point de vue fut celui d'Alain Juppé lui-même s'efforçant de réhabiliter son action.

« *Quand j'ai quitté le gouvernement, la France avait parcouru les trois quarts du chemin qui la conduisait à l'euro : de 5,6 % du PIB, les déficits publics étaient passés à 3,6 % en deux ans, en période de faible croissance économique. Le chiffre de 3,6 %, je l'ai écrit noir sur blanc dans une note laissée à mon successeur et personne n'a contesté sa véracité* »[166]

En 2011 il revenait sur ces évènements en associant Jacques Chirac à son action.

« *Oui, sur ce point-là. Il y a un deuxième élément de continuité dans l'action de Chirac, l'Europe, avec le soutien au référendum de Maastricht en 1992 et la politique menée à partir de 1995. Ce que j'ai payé en 1997, ce sont les efforts que nous avons faits pour la qualification à l'euro, ceux-là mêmes que Dominique Strauss-Kahn a ensuite prolongés en en retirant tous les bénéfices. On ne peut pas dire que l'on n'ait pas eu de courage réformateur à cette époque-là* »[167]

4. Les trop bons comptes de Jospin

L'entrée en fonction du gouvernement Jospin en juin 1997 eut lieu sous l'égide d'une accélération de la croissance, inattendue par rapport aux prévisions effectuées par le ministère des Finances en début d'année.

---

[166] Alain Juppé et Serge July. *Entre quatre z'yeux*. Grasset. Paris. 2001. Page 152-153.

[167] Alain Juppé et Michel Rocard. *La politique telle qu'elle meurt de ne pas être. Un débat conduit par Bernard Guetta.* Editions Jean-Claude Lattès. 2011. Page 91.

La croissance fut forte de 1998 à 2000 avec des taux de croissance annuels de l'ordre de 3,5 %. Le retournement conjoncturel se produisit à partir de 2001 avec une croissance de 1,9 % en 2001 et de 1 % en 2002. Cette forte croissance permit au gouvernement Jospin de procéder à des hausses de la dépense publique et à des baisses d'impôts, tout en enregistrant par ailleurs une réduction du déficit et de la dette publics.

Les dépenses supplémentaires résultèrent d'une part de la mise en œuvre des engagements de la campagne électorale, les emplois-jeunes et la réduction du temps de travail. L'impact budgétaire du passage aux 35 heures fut la conséquence de la prise en charge par le budget de l'Etat des exonérations de cotisations sur les bas salaires.[168] Il y eut par ailleurs la mise en place de la couverture médicale universelle (la CMU).

Les baisses d'impôts ne faisaient pas partie du programme des partis de la majorité plurielle au printemps 1997. Elles furent engagées à partir de 1999 en trois vagues successives. Les deux premières vagues correspondirent à l'utilisation d'une partie des marges de manœuvre budgétaires générées par la croissance du PIB et furent décidées pendant l'affaire de la « cagnotte ». En effet, le surplus de recettes fiscales généré par la croissance fut utilisé par Jacques Chirac pour lancer une offensive politique contre le gouvernement Jospin sur le thème de la dissimulation de recettes fiscales. A l'occasion de son allocution du 14 juillet 1999, il déclara :

---

[168] Des dispositifs d'exonérations de cotisations sociales pour les bas salaires avaient été mis en place sous le gouvernement Balladur. Ils furent renforcés pour éviter que la baisse du temps de travail sans baisse de salaire ne se traduise par une hausse du coût du travail. Pierre-François Gouiffès évalue le coût de l'augmentation de ces exonérations à 1 % du PIB. *L'âge d'or des déficits. 40 ans de politique budgétaire française.* La documentation française. 2013

« L'effet mécanique de la croissance fait que les caisses se remplissent de façon exceptionnelle, et qu'il faut tout le talent des services du ministère des Finances pour masquer ce phénomène. Les services sont toujours attentifs à ce que l'on ne sache pas ce genre de choses, ou pas trop. Quand on est dans cette situation, je dirais qu'il faut avoir trois objectifs prioritaires. Il faut d'abord réduire les dettes. Réduire les dettes qui pèseront sur ceux qui nous suivent. Nous venons pour la première fois, cette année, de franchir le cap des 60 % de la richesse nationale en dettes. C'est malsain, et c'est un mauvais signe. Il faut réduire les dettes. Deuxièmement il faut rendre aux Français une part de ce qu'on leur a pris. Baisser les impôts, la fiscalité et les charges (...) Nous avons les moyens de le faire »[169]

Cette déclaration constitua le point de départ d'une polémique qui dura plusieurs mois et eut pour effet de déstabiliser le gouvernement Jospin, accusé par l'opposition mais également par certains parlementaires socialistes de sous-estimer volontairement le montant des recettes fiscales. Et derrière cette polémique sur la sincérité des comptes publics s'exprimaient des pressions quant à l'utilisation de cette prétendue cagnotte, sous la forme de baisses d'impôts pour les uns ou de dépenses nouvelles pour les autres.

Une première vague de baisses d'impôts fut décidée à l'automne 1999 au moment de la préparation du projet de loi de finances de l'année 2000, sous l'égide du ministre de l'Economie et des Finances Dominique Strauss-Kahn.[170] Malgré ces annonces de baisses, la

---

[169]Jacques Chirac. Idem. Page 273. Le troisième objectif mentionné était une réforme des retraites dans la fonction publique.

[170] Ces baisses concernaient de façon principale la TVA dans le bâtiment, la taxe professionnelle, les droits de mutation ainsi qu'une

polémique sur la cagnotte se poursuivit sous son successeur Christian Sautter, nommé en novembre 1999.[171] En mars 2000, Laurent Fabius, qui venait d'être nommé ministre de l'Economie et des Finances en remplacement de Christian Sautter, affaibli par cette affaire[172], reprit l'initiative politique en annonçant une nouvelle série de baisses d'impôts.[173]

La troisième série de baisses d'impôts eut lieu en 2001 au début du retournement conjoncturel. Elle porta sur des montants financiers beaucoup plus modérés que les deux premières vagues de baisse.[174]

Le bilan effectué a posteriori par les dirigeants politiques qui étaient aux affaires pendant cette période est très positif. C'est avec un plaisir certain que Dominique Strauss-Kahn, dans un livre paru en 2002, s'attribuait à lui et au gouvernement dont il faisait partie les mérites de la seule baisse de la dette publique qu'a connue la France depuis le début des années 1980.

« *L'autre succès, c'est d'avoir mis un terme, pour la première fois depuis plus de vingt ans, à la spirale de la dette publique (...) Jusqu'en 1998, la dégradation a été continue et spectaculaire : le poids de la dette a triplé en*

---

série de petits impôts (droits de timbre sur les cartes d'identité, sur les permis de conduire etc...)

[171] Dominique Strauss-Kahn avait démissionné après avoir été mis en cause dans l'affaire de la MNEF.

[172] Christian Sautter eut également à affronter une grève des agents de son ministère suite à une tentative de réforme quant à son fonctionnement.

[173] Baisse générale de la TVA dont le taux passa de 20,6 % à 19,6 %, baisse de l'impôt sur le revenu, de la taxe sur les produits pétroliers, suppression de la vignette automobile.

[174] Lors de cette troisième vague furent institués la prime pour l'emploi en faveur des ménages et l'amortissement dégressif pour les entreprises.

20 ans, passant de 20 % du PIB à plus de 59 % en 1997. Depuis 1999, nous avons réussi à réduire suffisamment les déficits pour qu'enfin la dette recule – d'un peu moins d'un point de PIB par an »[175]

Et il poursuivait son avantage en présentant la politique menée pendant cette période comme relevant d'une politique contracyclique qu'il aurait réussi à imposer aux « conservateurs de gauche ».

« C'est essentiel pour l'avenir et c'est important pour le présent : en amorçant ainsi le cercle vertueux du désendettement, nous nous sommes redonnés de l'oxygène pour les temps plus difficiles que nous connaissons début 2002. En 1998, face aux critiques des conservateurs de gauche, j'avais justifié la baisse des déficits par la nécessité de « réarmer la fronde » et de « recharger les batteries » en vue de périodes moins fastes. S'il nous est possible d'assouplir la contrainte budgétaire afin d'amortir le ralentissement conjoncturel actuel, c'est bien parce que nous avons fortement réduit les déficits au cours de la période antérieure »[176]

En revanche, sa position sur les baisses d'impôts était beaucoup plus floue. Or ce sont justement ces baisses d'impôts, effectuées pour la plupart d'entre elles en haut du cycle économique, qui sont problématiques dans la perspective d'une politique budgétaire contracyclique. S'il affirmait, ainsi que nous le verrons par la suite, s'être converti aux baisses d'impôts pendant cette période, il ne revendiquait que les baisses d'impôts de la première vague, décidées lorsqu'il était ministre de l'Economie et des Finances. Il avait en revanche une attitude très critique

---

175 Dominique Strauss-Kahn. Idem. Page 273.
176 Dominique Strauss-Kahn. Idem. Page 273.

envers les baisses d'impôts décidées en mars 2000 sous Laurent Fabius.

« *A l'inverse on peut s'interroger sur la baisse générale du taux de TVA de 20,6 % à 19,6 % décidée en mars 2000*[177] *: plus coûteuse, moins visible, déjà oubliée. Sans doute s'explique-t-elle en partie par le vertige sado-masochiste qui avait brusquement saisi la majorité dans l'affaire dite de la « cagnotte ». De cet argent pourtant honnêtement accumulé, il fallait à tout prix se débarrasser* »[178]

Ses déclarations permettent de se rendre compte de l'ampleur de la pression qui pesait sur le gouvernement Jospin pendant l'affaire de la cagnotte.

« *La baisse de la TVA, décidée en mars 2000 pour calmer la crise de la cagnotte s'est faite sans consulter nos partenaires européens. Pire : elle entrait en contradiction avec une réunion de l'ECOFIN à laquelle Christian Sautter avait participé quelques jours auparavant* »[179]

L'autre dirigeant socialiste à s'être exprimé sur cette période est Lionel Jospin. Il se référait à cette période pour affirmer la supériorité de la conception keynésienne de la politique budgétaire, qu'il aurait appliqué lorsqu'il était Premier ministre, sur les principes de l'orthodoxie budgétaire.

---

[177] Il oppose la baisse ciblée de la TVA qu'il avait décidée en septembre 1999 (baisse de la TVA sur le bâtiment) à la baisse généralisée de la TVA décidée en mars 2000.
[178] Dominique Strauss-Kahn. Idem. Page 277.
[179] Dominique Strauss-Kahn. Idem. Page 218.

« *En France, pendant les années 1997-2002, nous avons pu conjointement obtenir une croissance moyenne soutenue, un mouvement de rétablissement des comptes publics et des progrès sociaux. J'ai mesuré comme chef de gouvernement qu'il est plus facile de rétablir les comptes publics en entretenant la croissance plutôt qu'en s'enfermant dans la stagnation au nom de l'orthodoxie économique* »[180]

Lionel Jospin présentait un bilan positif de cette période. Mais il évitait de mentionner les baisses d'impôts.

« *La période 1997-2002 a été une bonne période pour la France : une croissance soutenue, un chômage baissant très fortement, les finances publiques redressées, des réformes sociales et sociétales menées à bien dans un climat de confiance et d'optimisme relatif* ».[181]

D'une façon générale, à l'exception de Dominique Strauss-Kahn, les dirigeants politiques socialistes, lorsqu'ils se réfèrent à cette période, sont discrets sur ces fameuses baisses d'impôts. Laurent Fabius par exemple, qui avait mis en œuvre la seconde vague de baisses d'impôts, n'aborde pas cette question dans ses écrits.

C'est dans le rapport Migaud, publié en 2004, que l'on trouve une justification a posteriori des baisses d'impôts de 2000.[182] Ce rapport résultait d'une initiative de membres du groupe socialiste à l'Assemblée nationale

[180] Lionel Jospin. *Le monde comme je le vois. Le débat*. Gallimard. 2005. Page 113.
[181] Lionel Jospin. Idem. Page 188.
[182] Rapport Migaud, fait au nom de la commission des finances, de l'économie générale et du plan. Assemblée nationale. Mai 2004. Didier Migaud fut député socialiste de 1988 à 2010. Il a été nommé Premier président de la Cour des comptes en 2010. Il préside à ce titre le Haut conseil des finances publiques crée en 2013.

(dont Didier Migaud, Jean-Marc Ayrault et François Hollande) en vue d'obtenir la création d'une commission d'enquête sur la dégradation des comptes publics à partir de juin 2002. Ce rapport consistait en une mise en cause de la politique budgétaire menée par le gouvernement Raffarin, sur la base d'une comparaison avec la politique budgétaire menée par le gouvernement Jospin de 1997 à 2002, présentée comme vertueuse.

Selon ce rapport, la ligne directrice du gouvernement Jospin aurait été le solde primaire stabilisant, c'est-à-dire le solde primaire qui permet la stabilisation de la dette publique.[183] Le solde primaire stabilisant ayant été atteint, et même légèrement dépassé, en 1999, il aurait été légitime d'affecter, à partir de 2000, le surplus de recettes par rapport à ce solde de façon prioritaire à la baisse des impôts. Selon le rapport Migaud, la marge de manœuvre procurée par la croissance des recettes fiscales et non fiscales entre 1997 et 2002, soit 71,8 milliards d'euros, aurait ainsi été utilisée à 43 % pour les réductions d'impôts, à 37 % pour la hausse de la dépense et à 20 % pour la réduction du déficit public.

En fait la description effectuée par le rapport Migaud de la politique budgétaire du gouvernement Jospin est celle d'une politique faiblement contracyclique en haut du cycle économique. Le solde primaire, qui est la différence entre le solde effectif et la charge des intérêts, subit l'influence du rythme de croissance du PIB de la même façon que le solde effectif. Par conséquent, avoir pour

[183] Nous avions vu au chapitre 5 les deux conditions de stabilité d'une dette publique : l'équilibre primaire et l'égalité entre les taux d'intérêt réels et la croissance du PIB. Avec des taux d'intérêt réels supérieurs à la croissance du PIB, il faut un excédent primaire pour stabiliser la dette publique. L'excédent primaire qui permet de stabiliser la dette (le solde primaire stabilisant) est d'autant plus élevé que les taux d'intérêt réels sont élevés par rapport à la croissance du PIB et que le montant de la dette publique est élevé.

objectif le solde primaire stabilisant lorsque l'économie est en haut du cycle signifie a contrario admettre qu'il ne sera pas atteint pendant toutes les autres périodes. Cela revient à mettre la dette publique sur une trajectoire où la baisse pendant la période haute du cycle est faible comparativement aux hausses pendant les autres périodes.

En fait, l'étude de cette période permet de mettre en évidence la différence entre la politique budgétaire menée par la France et la politique budgétaire menée par les autres pays de l'OCDE dans le contexte de forte croissance des années 1998-2000. La plupart des pays de l'OCDE utilisèrent les marges de manœuvre générées par la forte croissance de cette période pour avoir des budgets publics excédentaires et diminuer fortement le montant de leur dette publique.

Tableau 7.1. Soldes publics de l'année 2000[184]
(En pourcentage du PIB)

Pays	*Solde*
Finlande	6,8
Irlande	4,8
Suède	3,2
Canada	2,9
Pays-Bas	1,9
Danemark	1,9
Royaume-Uni	1,2
Allemagne	1
Etats-Unis	0,8
Belgique	- 0,1
Espagne	- 1
France	- 1,3
Italie	- 1,3
Autriche	- 2
Japon	- 7,5

[184] Les données proviennent d'Ameco.

De 1998 à 2000 en revanche, la France se contenta d'une simple réduction de son déficit public et d'une faible diminution de sa dette publique.

Chapitre 8 : La baisse des impôts

En plus de leurs conséquences budgétaires immédiates, l'épisode de la cagnotte et les baisses d'impôts du gouvernement Jospin eurent pour effet de mettre le thème de la baisse des impôts au cœur du débat en matière de politique budgétaire. Ce thème n'était pas nouveau en France. Apparu au début des années 1980 avec la vague libérale en provenance des Etats–Unis et du Royaume-Uni, il avait influencé les politiques du gouvernement Chirac de 1986 à 1988. Mais il avait subi un reflux au cours des années 1990. La baisse des impôts était certes régulièrement évoquée par les dirigeants politiques de droite, mais en tant qu'objectif à moyen terme et dont la réalisation supposait une amélioration préalable de la situation des finances publiques. A la présidentielle de 1995, il était présent dans le discours de campagne de Jacques Chirac, mais de façon secondaire, derrière les thèmes de la fracture sociale et de la fiche de paie. L'année suivante, Alain Juppé avait fait adopter un programme de baisse de l'impôt sur le revenu, mais celui-ci devait s'appliquer de façon progressive.[185] Par ailleurs, le thème de la baisse des impôts était absent du discours politique de la gauche. Malgré la déclaration de François Mitterrand de 1984 sur la stabilisation des prélèvements obligatoires, la baisse des impôts ne faisait pas partie de l'agenda politique des socialistes. En 1997, il ne figurait pas dans leur discours de campagne des législatives. Et revenus au pouvoir, ils abrogèrent le programme de baisse de l'impôt sur le revenu qui avait été adopté par Alain Juppé.

---

[185] Cf. sur ce point Jean Arthuis. *Dans les coulisses de Bercy, le cinquième pouvoir*. Albin Michel. 1998. Page 190.

Les baisses d'impôts du gouvernement Jospin mirent fin à cette situation. Bien que mises en œuvre sous la pression et avec une certaine improvisation, elles conduisirent les dirigeants socialistes à tenir un discours de légitimation en s'appropriant des thèmes traditionnellement utilisés par la droite. Et cette tentative d'appropriation par les socialistes du thème de la baisse des impôts conduisit en retour les dirigeants politiques de droite à renforcer leur positionnement sur ce thème.

1. De Strauss-Kahn à Sarkozy

Les principaux théoriciens de cette guerre de positionnement, engagée au début des années 2000, furent Dominique Strauss-Kahn à gauche et Nicolas Sarkozy à droite. Les arguments utilisés par Dominique Strauss-Kahn pour légitimer la baisse des impôts étaient ceux de l'économie de l'offre (la révolte fiscale, la compétitivité internationale, l'innovation, la prise de risque) avec cependant une référence à la justice sociale pour servir de marqueur identitaire de gauche.

« *Si je me suis progressivement convaincu de la nécessité d'une baisse des impôts, c'est au vu de deux constats conjoncturels : d'abord nos principaux compétiteurs européens ont tous des taux d'imposition inférieurs aux nôtres, et de surcroît en baisse. Il y aurait quelque incohérence à plaider en faveur de l'harmonisation fiscale et à ne pas en tirer les conséquences.*
Ensuite et surtout, j'ai été frappé par les attentes de nos concitoyens. Longtemps et étrangement, notre pays est resté à l'abri de la révolte fiscale née en Californie dans les années 1970 avant de traverser l'Atlantique avec Margaret Thatcher. Mais les choses ont changé. François Mitterrand avait eu le mérite de le reconnaître au milieu

des années 1980 : la hausse continue des impôts n'était plus acceptable. L'impôt, historiquement lié au développement de la démocratie parlementaire, ne vaut que s'il reflète un minimum de consensus. Autrement, un système fiscal imposé par la force est un système fiscal en péril.
Le moment était favorable : après la réduction des déficits et l'amorce du désendettement, la baisse des impôts redevenait possible (...) il m'est donc revenu d'expliquer, souvent, longuement, que la baisse des impôts était un instrument autant qu'un objectif : instrument au service de la croissance, de l'innovation et de la prise de risque ; objectif au service de la justice sociale – les baisses d'impôt pouvant tout aussi bien y contribuer que les hausses de dépenses »[186]

Cette tentative d'appropriation de la part des socialistes du thème de la baisse des impôts provoqua en retour chez les dirigeants politiques de droite une réaffirmation de leur positionnement sur ce point. Désormais, ainsi que l'expliquait Nicolas Sarkozy dans un livre paru en 2001, intitulé *Libre,* face à la menace socialiste, il s'agissait de reprendre l'initiative dans le champ des idées en réaffirmant la primauté de la droite sur ce thème.

« *Je tentais d'expliquer à quel point la question de nos valeurs, de nos idées, de notre programme de gouvernement ou plus simplement de notre discours politique devenait cruciale.*
Cette carence s'illustre dans un double phénomène, à mes yeux également préoccupant. Il y a d'abord cet improbable et pourtant bien réel débat interne au parti socialiste français, et plus largement aux forces socialistes européennes, sur la question de la baisse des impôts (...)

---

[186] Dominique Strauss-Kahn. Idem. Page 277-278.

et pourtant du fait de notre silence et de nos hésitations, force est de reconnaître que le débat est devenu interne au seul parti socialiste français. Un comble alors même que la fiscalité, sa diminution, son allègement, son harmonisation avec celles que connaissent les principales économies européennes, ont toujours été le point fort de notre positionnement politique ou du moins de notre discours, même si c'est peu dire que notre frilosité a durablement déçu nos électeurs »[187]

Suite à l'incursion des socialistes sur ce terrain et alors que l'échec politique de l'ajustement Juppé était encore dans les mémoires, la baisse des impôts devait devenir, selon Nicolas Sarkozy, un objectif prioritaire pour la droite.

« *Je reste cependant persuadé que l'interdit politique, du moins sur le plan fiscal, a beaucoup compté. Ainsi nous nous sommes coupés d'une partie de notre électorat, justement déçu dans ses aspirations fiscales, sans naturellement* que *l'autre partie nous en accorde le moindre crédit. Curieusement les socialistes n'ont jamais été victimes de ces pudeurs lorsqu'il s'est agi pour eux de privatiser à outrance, de débattre de la baisse des impôts ou d'accepter les règles de la concurrence et de l'économie de marché (...) Au nom de quel raisonnement absurde l'opposition devrait-elle rester comme hagarde devant les décisions des autres et les débats de l'actuelle majorité ? Il nous faut réaffirmer avec force que nous croyons que l'excès de prélèvements, de contributions, de cotisations et d'impôts est le premier frein au dynamisme économique, à l'innovation et à la création durable d'emplois* »[188]

---

[187] Nicolas Sarkozy. *Libre*. Robert Laffont. Fixot. 2001. Page 185.
[188] Nicolas Sarkozy. Idem. Page 284-285.

2. Le nouveau cours

En fait, c'est à partir de 2002 que le nouveau cours, basé sur la priorité à la baisse des impôts, l'emporta. Il inspira le second mandat de Jacques Chirac (2002-2007) et il fut confirmé en 2007 avec l'élection de Nicolas Sarkozy à la présidence de la République.

Dès 2002, Jacques Chirac engagea de nouvelles baisses d'impôts qu'il justifia avec des arguments relevant à la fois de la théorie keynésienne (soutenir le pouvoir d'achat) et de la théorie de l'offre (soutenir la valeur travail)

« *Alors que depuis vingt ans la priorité était donnée à la dépense publique pour soutenir la croissance, c'est la logique inverse que Jean-Pierre Raffarin et moi avons décidé d'adopter en soutenant avant tout le pouvoir d'achat et la valeur travail (...) Priorité sera donnée désormais à la formation, à l'emploi durable et à la création d'entreprises (...) le plus sûr moyen de dynamiser notre économie est de créer les conditions d'une reprise de la croissance. La politique de baisse des impôts, lancée dès 2002 illustre on ne peut mieux cette nouvelle donne économique. C'est ainsi que sur la période du quinquennat l'impôt sur le revenu a baissé de près de 20 %. Et pour au moins trois millions et demi de foyers, cette diminution a été égale ou supérieure à 30 % (...) J'ajoute que cette nouvelle politique économique serait contre-productive si elle ne s'accompagnait d'une volonté de stabilisation de la dépense publique* »[189]

Mais c'est Nicolas Sarkozy qui se fit le principal théoricien du nouveau cours. Dans un nouveau livre, intitulé *Ensemble*, paru en 2007, à la veille de son élection

---

[189] Jacques Chirac. *Mémoires. Tome 2. Le temps présidentiel.* Nil Editions. Paris. 2011. Page 464.

à la présidence de la République, il en exposa les contours. Le nouveau cours correspondait à un mélange de thèmes relevant de l'économie de l'offre, de la théorie keynésienne et de la politique sociale.

Les déficits publics n'étaient pas mis sur le compte d'une gestion laxiste des finances publiques mais de la faiblesse de la croissance et du niveau élevé du chômage qui en résulte.

« *Nos déficits qui paralysent l'Etat sont moins la cause de nos fractures sociales que nos fractures sociales ne sont la cause de l'aggravation de nos déficits. Nous payons la facture des fractures que nous n'avons pas vraiment cherché à réduire en nous attaquant à leurs causes. Le manque à gagner pour nos finances publiques provient de la faiblesse de notre croissance économique, du chômage et de l'exclusion du marché du travail d'un trop grand nombre de Français aptes pourtant à travailler* »[190]

Ils devaient par conséquent être combattus non par des mesures d'ajustement budgétaire mais par une action volontariste en faveur de la croissance.

« *Il manque à la France un point de croissance par an pour résoudre tous ses problèmes et reprendre confiance dans l'avenir (...) Nous ne pouvons pas nous contenter de vivre au gré des allers-retours d'une conjoncture internationale sur laquelle nous ne pouvons rien. La croissance, nous devons aller la chercher en nous-mêmes. Nous devons la fabriquer à partir de notre énergie, de notre imagination, de notre travail* »[191]

---

[190] Nicolas Sarkozy. *Ensemble*. XO Editions. 2007. Page 113.
[191] Nicolas Sarkozy. Idem. Page 118.

On retrouvait les thèmes de l'économie de l'offre qui inspirèrent la politique fiscale du président Reagan aux Etats-Unis pendant les années 1980.

« Il ne suffit pas de sauter sur sa chaise en criant « la dette, la dette ». La vraie rigueur est celle qui conduit à avoir le courage de tailler dans les dépenses inutiles et de choisir les priorités. Pour faire redémarrer la France, pour rembourser la dette publique, pour pouvoir dans le futur payer les retraites, nous avons besoin de travailler davantage, non d'imposer aux Français une politique de privations. Nous avons besoin non d'une politique de sacrifices, mais d'une politique d'efforts »[192]

Les dispositions les plus emblématiques inspirées par le nouveau cours furent les dispositions du paquet fiscal de la loi TEPA de juillet 2007 (loi en faveur du travail, de l'emploi et du pouvoir d'achat) dont l'objectif affiché était de créer un choc d'offre par une augmentation du nombre d'heures travaillées et un choc de demande par une augmentation du pouvoir d'achat.[193]

3. L'Etat en faillite de Fillon

Certes, pas plus que chez les socialistes d'ailleurs, ce positionnement anti-impôt ne fait l'unanimité à droite. Certains dirigeants politiques, dans la lignée de Raymond Barre, continuent à revendiquer l'ancien positionnement en donnant la priorité à l'assainissement des finances publiques. C'est le cas de François Fillon, qui sur la

[192] Nicolas Sarkozy. Idem. Page 127.

[193] Les principales dispositions de la loi TEPA furent les suivantes : défiscalisation des heures supplémentaires, crédit d'impôt sur les intérêts d'emprunts immobiliers, allègement des droits de succession, renforcement du bouclier fiscal.

question de la baisse des impôts et de la réduction des déficits publics, se démarque nettement de la position de Nicolas Sarkozy. Il marqua son désaccord avec les orientations fiscales du nouveau cours dès 2006.

« *Des finances publiques assainies, une meilleure formation des salariés et un marché du travail plus souple, tels sont les leviers de la réussite économique. L'avenir ne passe donc pas nécessairement par une régression sociale, comme le rabâche stupidement une gauche en panne d'imagination et surtout de courage. Il ne passe pas non plus par une baisse radicale de la fiscalité.* »[194]

Et il réitéra son positionnement de façon particulièrement marquée en septembre 2007 alors qu'il était Premier ministre :

« *Je suis à la tête d'un Etat qui est en situation de faillite, sur le plan financier. Je suis à la tête d'un Etat qui est, depuis quinze ans, en déficit chronique. Je suis à la tête d'un Etat qui n'a jamais voté un budget en équilibre depuis vingt-cinq ans. Ça ne peut plus durer* »[195]

Dans son livre *Faire* paru en 2015, il revint sur cette déclaration en expliquant qu'elle reflétait les divergences qu'il avait avec Nicolas Sarkozy sur ces questions

« *En réalité, derrière les tensions qui sont apparues à ce moment-là, se jouait une différence importante dans nos visions de l'économie et de la conduite des affaires de l'Etat. Nicolas Sarkozy était alors persuadé que le desserrement d'un certain nombre de contraintes fiscales*

---

[194] François Fillon. *La France peut supporter la vérité.* Albin Michel. 2006. Page 237.
[195] François Fillon. *Faire.* Albin Michel. Page 20.

suffirait à relancer notre économie et à atténuer mécaniquement le poids de la dette. C'était le sens de la loi TEPA adoptée en juillet, peu après les élections. Il n'était pas non plus indifférent aux idées keynésiennes de relance par la dépense publique qui avaient parmi ses conseillers des partisans résolus. Probablement aussi, comme beaucoup d'hommes politiques qui redoutent l'impopularité, il ne voulait pas donner le sentiment d'infliger une potion amère à ceux qui venaient de l'élire. J'étais davantage prêt, pour ma part, à assumer des décisions difficiles. J'avais déjà dit plusieurs fois au cours des semaines précédentes, en des termes moins frappants, que selon moi, notre priorité fondamentale devait être de réduire le déficit public »[196]

Cependant, bien que François Fillon ait pu exprimer une position favorable à la discipline budgétaire, ce n'est pas lui mais Nicolas Sarkozy qui détermina les choix budgétaires de 2007 à 2012.

4. Baisse des impôts ou hausse de la dépense

Une série de rapports et d'études parus à partir de 2010 effectuèrent des évaluations de l'impact sur les finances publiques de ces baisses d'impôts successives. Bien qu'émanant de groupes ayant des orientations politiques divergentes, ils parvinrent à des conclusions convergentes selon lesquelles ces baisses d'impôts avaient fortement contribué à la hausse de la dette publique. Le rapport Carrez, du nom d'un député UMP, membre de la commission des finances à l'Assemblée nationale, évaluait le montant des baisses d'impôts du gouvernement Jospin à

---

[196] François Fillon. Idem. Page 20.

2,4 % du PIB en année pleine.[197] Il ne donnait pas d'évaluation chiffrée pour les baisses des périodes Chirac et Sarkozy. Par ailleurs il estimait, sur la base des données du budget de l'Etat, que si les baisses d'impôts effectuées pendant la décennie 2000 avaient été compensées par une hausse d'autres impôts ou par une baisse équivalente de la dépense publique, les budgets publics auraient été à l'équilibre en 2001 et excédentaires de 2006 à 2008. Le déficit public de 2009 (année de récession) aurait été de 3,7 % du PIB, au lieu de 7,5 %. Quant à la dette publique, elle se serait élevée à 55 % du PIB en 2009, au lieu de 77 %.

Le rapport Cotis, du nom du directeur général de l'INSEE, également publié en 2010, parvenait à des conclusions analogues en estimant que sans les baisses d'impôts de la décennie 2000, le niveau de la dette publique aurait été en 2009 inférieur de près de 20 points à ce qu'il a été. [198]

Le Collectif pour un audit citoyen de la dette publique, dans une étude parue en 2014[199], évaluait le manque à gagner pour le budget de l'Etat résultant de ces baisses d'impôts à 4,3 % du PIB en année pleine (2,5 % pour les baisses Jospin, 0,7 % pour les baisses Chirac et 1,1 % pour les baisses Sarkozy). Selon cette étude, sans ces baisses, la

---

[197] Rapport Carrez. Rapport d'information déposé par la commission des finances, de l'économie générale et du contrôle budgétaire préalable au débat d'orientation des finances publiques. Assemblée nationale. 2010.

[198] Rapport sur la situation des finances publiques. Par Paul Champsaur et Jean-Philippe Cotis. 2010. Jean-Philippe Cotis fut directeur général de l'INSEE de 2007 à 2012. Il a été nommé en 2012 conseiller maitre à la première chambre de la Cour des comptes.

[199] Collectif pour un audit citoyen de la dette publique. 2014. Référence citée. Ont participé à l'élaboration de ce collectif Michel Husson (ATTAC), Pascal Franchet (CADTM), Robert Joumard (ATTAC), Evelyne Hugo (Solidaires Finances publiques), Henri Sterdyniak (Economistes atterrés), Patrick Saurin (Sud BPCE)

dette publique aurait été de 55 % du PIB en 2007 (au lieu de 64 %) et de 72% du PIB en 2012 (au lieu de 90 %).

En évoquant les baisses d'impôts comme facteur de la hausse de la dette publique, ces études prennent le contrepied de la majorité des analyses qui, à la suite du rapport Pébereau, incriminent la hausse de la dépense publique. Les deux types d'analyses sont en principe possibles dans la mesure où la hausse de la dette publique résulte d'une insuffisance de recettes par rapport à un niveau donné de dépenses ou d'un excès de dépenses par rapport à un niveau donné de recettes. La différence entre les deux analyses reflète des divergences de préférence idéologique. La thèse de la hausse de la dépense, en tant que facteur de la hausse de la dette, correspond à une orientation libérale. A l'inverse, la thèse de la baisse des impôts en tant que facteur explicatif de la hausse de la dette publique va dans le sens d'une défense du rôle social de l'Etat.

En fait la hausse de la dette publique résulte d'une absence de choix entre ces deux orientations. L'orientation libérale supposerait une baisse en priorité, non pas des impôts, mais de la dépense publique. L'orientation en faveur de l'Etat social supposerait d'être prêt à l'assumer en termes de niveau des prélèvements obligatoires.

Chapitre 9 : Les dirigeants politiques et les règles budgétaires

Dans les pays ayant adopté des règles et des comités budgétaires, l'introduction de ces dispositifs s'inscrit dans la lignée de traditions politiques et culturelles basées sur des principes de séparation des pouvoirs.

En France, dont la culture politique repose davantage sur le principe de la souveraineté nationale que sur celui de la séparation des pouvoirs, le débat sur les règles et les comités budgétaires est intervenu de façon plus tardive que dans les autres pays. En fait c'est par l'intermédiaire des traités européens relatifs à l'euro que la France a été confrontée à la question des règles budgétaires. Et d'une façon générale, les règles budgétaires font l'objet d'un faible degré d'acceptation de la part des dirigeants politiques. Leur attitude à leur égard oscille entre rejet et tentatives de contournement. C'est ce double rapport des dirigeants politiques à l'égard des règles budgétaires que nous étudions dans ce chapitre. Nous présentons dans un premier temps les prises de position des dirigeants politiques français à l'égard des règles budgétaires en général avant d'envisager la façon dont ils gèrent les règles existantes.

1. Du silence au scepticisme

Jusqu'à la fin des années 2000, la France était restée à l'écart du débat sur les règles budgétaires qui caractérisait un grand nombre de pays. Ce silence au sujet des règles budgétaires caractérisait également les prises de position dont on aurait pu attendre a priori un point de vue favorable. Le rapport Pébereau, publié en 2005, bien que signalant le décalage entre la France et la plupart des pays de l'OCDE en termes d'évolution de la dette publique depuis le milieu des années 1990 et bien que mettant l'augmentation de la dette publique française sur le compte d'une gestion « *peu rigoureuse de la dépense publique* » n'abordait pas la question des règles et des comités budgétaires.

Il en allait de même de Thierry Breton et de son livre au titre évocateur, *Anti-dette*, paru en 2007.[200] C'était le cas également de Raymond Barre, partisan de la discipline budgétaire, mais qui n'évoquait pas les dispositions institutionnelles mises en place dans certains pays pour y parvenir.

« *Il faut rendre hommage au ministre de l'Economie et des Finances, Thierry Breton, d'avoir eu le courage de soulever le problème de la dette et d'avoir poussé un cri d'alarme. Le remarquable rapport de Michel Pébereau était trop inquiétant pour que le gouvernement reste insensible. Il a manifesté ses bonnes intentions et fait quelques premiers pas très modestes. Mais il s'agit de prendre des mesures drastiques et durables (...) Lequel de nos dirigeants politiques, de droite ou de gauche, aura une détermination sans faille pour sortir de cette spirale de l'endettement qui résulte du déficit budgétaire chronique et de l'augmentation constante de nos dépenses sociales ? Il faudrait que tous les Français aient conscience de la gravité de la situation et qu'ils acceptent des sacrifices et un effort sur le très long terme. Mais les élus s'opposent rarement à l'accroissement des dépenses publiques, par complaisance électorale ; les syndicats et les représentants des organismes professionnels restent trop soucieux de leurs seuls intérêts, ou enfermés dans leur corporatisme ; quant aux Français, ils sont friands*

---

[200] Thierry Breton. Idem.

d'allocations diverses et attachés à leurs avantages acquis, souvent excessifs (...) L'endettement retarde le moment de vérité. C'est sous la pression des nécessités que les mesures indispensables seront prises un jour »[201]

Raymond Barre développe une conception gaulliste du pouvoir. La discipline budgétaire résulte selon lui de l'action d'un pouvoir politique fort, capable, sous la pression des nécessités, d'imposer des sacrifices et des efforts à un peuple par nature indiscipliné. Elle reflète la façon dont le pouvoir gaulliste a géré le problème des biens communs à partir de 1958. Elle est à l'opposé d'une conception selon laquelle la discipline budgétaire supposerait un encadrement du pouvoir des dirigeants politiques.

En fait, pour la période antérieure à 2007, nous n'avons repéré chez les dirigeants politiques qu'une seule prise de position au sujet des règles budgétaires. Il s'agit de celle de Jean Arthuis dans un livre paru en 1998, suite à son passage au ministère de l'Economie des Finances (1995-1997). Jean Arthuis se prononçait en faveur d'une règle constitutionnelle stipulant l'équilibre du budget de fonctionnement de l'Etat, sur le modèle de la règle allemande en vigueur à cette époque.

« *Au demeurant, l'Etat ne fera que s'appliquer le principe de bonne gestion qui s'impose aujourd'hui à toutes les collectivités locales. Il doit cesser de vivre à crédit. Chacun le sait. Par l'institution de cette règle prohibant le déficit de fonctionnement, nous rejoindrons nombre de pays. En République fédérale d'Allemagne, le déficit n'est toléré qu'à hauteur des investissements. Sagesse élémentaire : l'emprunt finance des biens durables, des routes, des universités, des palais de justice ou des*

[201] Raymond Barre. Idem. Page 291.

commissariats de police. Ma conviction est qu'il faut ériger cette exigence en principe constitutionnel. Accepter le déficit de fonctionnement, c'est tricher avec la démocratie et transmettre à nos enfants la charge de nos inconséquences »[202]

Les prises de position devinrent plus nombreuses à la fin des années 2000. C'est à partir de cette période en effet que le thème des règles budgétaires s'invita dans le débat politique français. Lors du vote de la réforme constitutionnelle de juillet 2008, un amendement déposé par des parlementaires du Nouveau Centre et accepté par le gouvernement introduisit dans la Constitution le principe de l'équilibre des comptes publics ainsi que l'obligation d'adopter des budgets pluriannuels, intitulés lois de programmation des finances publiques. Le débat se poursuivit en 2010-2011 avec le projet de Nicolas Sarkozy de faire figurer dans la Constitution des dispositions contraignantes sur le retour à l'équilibre des finances publiques[203]. Et il fut relancé en 2012 à l'occasion de la ratification par la France du traité budgétaire européen.

Mais la majorité des prises de position des dirigeants politiques étaient opposées au principe d'une règle budgétaire. C'était le cas de celle de Jean Arthuis, qui, en contradiction avec son point de vue de 1998, donnait les raisons pour lesquelles il n'avait pas soutenu l'initiative des parlementaires du Nouveau Centre en 2008.

---

[202] Jean Arthuis. *Dans les coulisses de Bercy. Le cinquième pouvoir.* Albin Michel. 1998. Page 198. Au moment où Jean Arthuis écrivait son livre, la règle allemande en vigueur était la règle de 1969 qui imposait l'équilibre pour les budgets de fonctionnement, sauf en cas de perturbation de l'équilibre macroéconomique.

[203] Ce projet de réforme constitutionnelle, adopté par l'Assemblée nationale et par le Sénat, n'a pas franchi l'étape de la ratification.

« Notre Constitution a certes prévu, depuis juillet 2008, soit à la veille de l'approfondissement de la crise, que les « orientations pluriannuelles des finances publiques sont définies par des lois de programmation. Elles s'inscrivent dans l'objectif d'équilibre des comptes des administrations publiques » (...) Il est vrai que cette rédaction plus incantatoire que normative résulte d'un des compromis sans lesquels la réforme constitutionnelle de 2008 eût échoué. Au sein de la majorité, un certain nombre de députés faisaient de l'adoption de la « règle d'or » la condition de leur vote d'approbation de la réforme (...) J'avoue ma perplexité à propos de la constitutionnalisation de l'équilibre budgétaire. D'abord parce que l'Etat a vocation à faire face à tout choc imprévu. Il doit pouvoir disposer d'une soupape de sécurité (...) Par ailleurs je redoute la créativité des services du budget et suis convaincu que de bons esprits ne manqueraient pas de faire observer que l'éducation est effectivement le plus bel investissement qu'un pays puisse accomplir et d'en tirer la conséquence que les salaires versés aux enseignants ne sont pas des dépenses courantes mais des investissements. Pour ces raisons je n'ai pas rallié la thèse de la règle d'or »[204]

On trouve une opposition analogue chez Alain Juppé et Michel Rocard dans un livre d'entretien effectué en commun et publié en 2011. De même que chez Jean Arthuis, les arguments invoqués sont d'une part l'absence d'efficacité et d'autre part le refus de soumettre la politique budgétaire à un cadre préétabli.

[204] Jean Arthuis. *S.O.S. Finances publiques. Osons les vraies réformes*. Calmann-Lévy. 2011. Page 133.

Alain Juppé.
« L'une des réponses, dit-on, serait d'inscrire dans la Constitution, comme les Allemands l'ont fait, qu'on n'a pas le droit de dépasser un niveau d'endettement ou de déficit supérieur à un pourcentage donné du PIB. Je ne suis pas contre, mais je n'y crois pas trop. Cela ne consisterait qu'à se faire plaisir et on expliquera, à la première crise grave, que des circonstances exceptionnelles font qu'il n'y a pas d'autre moyen que de violer la Constitution. La nécessité comme la facilité l'imposeront (...) On a maintenant beaucoup de mal à y revenir et cette idée d'obligation constitutionnelle n'est pas donc pas la panacée, même si ça peut faire bien dans le paysage »

Michel Rocard.
« Alain est un peu réticent à cette idée mais je le suis, moi, très fortement car je n'aime pas qu'on mélange les genres. Tout ce qui est économique est fluide, variable, flexible avec des chiffres dont on a du mal à imaginer ce qu'ils pourraient devenir dans un avenir incertain. Se coller une obligation constitutionnelle ne serait qu'une difficulté de plus, un empêchement de plus à agir »

Alain Juppé.
« C'est aussi mon sentiment »

Michel Rocard.
« D'autant plus qu'on ne change pas la Constitution aussi facilement qu'on ne le croit. Il n'y aurait là qu'un alibi politique, un faux-semblant dont je ne veux à aucun prix »[205]

---

[205] Alain Juppé et Michel Rocard. *La politique telle qu'elle meurt de ne pas être*. Editions Jean-Claude Lattès. 2011. Page 158.

En fait les seules prises de position favorables à une règle d'équilibre budgétaire émanent de Manuel Valls et de François Fillon. Manuel Valls se prononça en faveur d'une règle constitutionnelle stipulant l'équilibre des comptes courants.

« *La crise financière a le mérite essentiel de remettre la question de la dette publique au centre du débat. En France, cette question n'a jamais été vraiment abordée, sauf pour brocarder, un peu facilement, les fameux critères de Maastricht (…) Il est ainsi absolument nécessaire que notre pays se dote, à terme, d'outils contraignants pour encadrer les déficits dans le temps. Je pense même qu'il faudrait inscrire dans la Constitution l'interdiction des déficits structurels. Cette règle d'or, qui s'impose aux collectivités territoriales mais aussi à certains gouvernements dans des pays plus vertueux que le nôtre n'autorise le recours à l'emprunt que pour financer les investissements* »[206]

François Fillon quant à lui, exprima son intention d'insérer dans la Constitution une règle d'équilibre budgétaire dans son livre *Faire*, paru en 2015 dans lequel il présentait ses orientations politiques dans la perspective de l'élection présidentielle de 2017.

« *Mon cinquième engagement, c'est de renforcer le pilotage et l'évaluation des dépenses publiques. Pour prévenir tout retour à la situation actuelle, pour que nos*

---

[206] Manuels Valls. *Pouvoir*. Stocks. 2010. Pages 77 et 80. Dans ce passage Manuel Valls effectue une confusion entre une règle qui impose l'équilibre des budgets courants mais permet de financer l'investissement par l'emprunt (une telle règle est parfois appelée une règle d'or) et une règle qui impose l'équilibre structurel et permet les déficits conjoncturels.

efforts ne soient pas un jour prochain anéantis par la démagogie, la faiblesse de caractère ou l'absence de scrupules, des mesures de prévention doivent être prises. La principale est l'inscription de l'équilibre des finances publiques – y compris les finances sociales – dans la Constitution. L'expérience a montré que le vote d'une loi organique ne donne pas les garanties suffisantes »[207]

Ces prises de position reflètent la façon dont le débat sur les règles budgétaires se déroule en France depuis la fin des années 2000. Il porte de façon principale sur l'opportunité d'adopter des règles constitutionnelles, en référence aux règles allemandes. Les autres formes d'encadrement du pouvoir budgétaire des dirigeants politiques, qu'il s'agisse de l'intervention de comités budgétaires ou du recours à des règles non constitutionnelles, dont la mise en œuvre repose sur des incitations d'ordre politique, ne sont pas évoquées.

Par ailleurs, même si le débat sur les règles budgétaires est relativement récent, la France a été confrontée à cette question à partir du milieu des années 1990, lorsqu'il s'est agi d'appliquer les règles du traité de Maastricht. Nous avons vu au chapitre 7 la façon dont le gouvernement Juppé s'était efforcé de mettre les budgets publics en conformité avec la règle des 3 % du traité de Maastricht. La mise en œuvre de cette règle reposait sur des incitations politiques fortes. Ne pas la respecter aurait signifié prendre le risque que la France ne soit pas qualifiée pour l'euro.

Depuis que la France appartient à la zone euro, les incitations politiques à respecter les règles budgétaires européennes sont faibles. Et les dirigeants politiques se sont principalement efforcés de les contourner. Les principales règles européennes sont celles du Pacte de

[207] François Fillon. *Faire*. Albin Michel. 2015. Page 110.

stabilité et de croissance.[208] Il s'agit d'une part de la règle des 3 % et d'autre part de la règle d'équilibre à moyen terme. La mise en œuvre de la règle des 3 % repose sur la procédure pour déficits excessifs. Cette procédure prévoit la possibilité de sanctions financières pour les Etats qui ne la respectent pas. La règle d'équilibre à moyen terme demande aux Etats de transmettre chaque année à la Commission européenne des budgets pluriannuels, appelés programmes de stabilité, qui décrivent la trajectoire budgétaire qu'ils envisagent de suivre pour parvenir à l'équilibre à moyen terme. La logique de cette règle d'équilibre à moyen terme est assez proche de celle des cibles budgétaires dans les pays dirigés par des gouvernements de grande coalition. Les gouvernements s'engagent sur des cibles budgétaires à moyen terme. Et il n'y a pas de sanction formelle si la cible n'est pas atteinte.

Il est cependant possible d'effectuer une distinction entre deux périodes, en ce qui concerne les stratégies de contournement des règles budgétaires européennes,. On est en effet passé d'une première période, de 1999 à 2008, caractérisée par des règles faibles dans un contexte économique favorable à une seconde période, de 2009 à 2015, correspondant à des règles renforcées dans un contexte économique dégradé.

2. Des règles faibles dans un contexte économique favorable : 1999-2008.

De 1999 à 2008, l'intérêt accordé par les dirigeants politiques français au respect des règles européennes était faible. Cette absence d'intérêt concernait tout particulièrement les programmes de stabilité de la règle

[208] Le Pacte de stabilité et de croissance contient les règles budgétaires pour les pays membres de la zone euro alors que les règles du traité de Maastricht concernent les pays candidats.

d'équilibre à moyen terme. Chaque année, les gouvernements envoyaient à la Commission européenne un programme de stabilité annonçant le retour à l'équilibre à une échéance donnée…et annonçaient dans les programmes envoyés les années suivantes le report de cette échéance. Le programme de stabilité de 1999, qui portait sur la période 2000-2002, prévoyait l'équilibre budgétaire pour 2002 (en fait un excédent budgétaire de 1 % du PIB). Suite à la crise de la cagnotte et à la baisse des impôts qui s'en suivit, cet objectif fut reporté à 2003 (avec un objectif de déficit de 0,5 % du PIB). Et le solde de l'année 2002 fut en fin de compte un déficit de 3,1 % du PIB. Le programme de stabilité de 2002 prévoyait le retour à l'équilibre pour 2005. Mais le programme de stabilité de 2003 le reporta à 2006. Et celui de 2004 le repoussa à 2007. En 2007, le retour à l'équilibre avait été annoncé pour 2010. Deux mois après son élection à la présidence de la République, Nicolas Sarkozy, qui était en train de faire voter son programme de baisse d'impôts contenu dans le paquet fiscal de la loi TEPA, participa personnellement au Conseil des ministres des Finances de l'Union européenne et annonça le report à 2012 de l'objectif de retour à l'équilibre.[209]

Contrairement à ce qui a parfois été affirmé, ce décalage entre les cibles annoncées et les soldes d'exécution des budgets ne résultait pas de façon principale de prévisions de croissance trop optimistes. Les programmes de stabilité reposaient sur des hypothèses de croissance annuelle moyenne du PIB de 2,5 % alors que de 2002 à 2007 la croissance annuelle moyenne fut de 2,1 %. [210] Cette

[209] Cf. Arnaud Leparmentier. *Ces Français, fossoyeurs de l'euro*. Plon. 2013. Page 143 et suivantes.

[210] Les programmes de stabilité étaient établis sur la base de deux scénarii de croissance avec une hypothèse basse, dite prudente, et une hypothèse haute, dite favorable, et présentée comme correspondant à

surestimation de la croissance ne permet d'expliquer qu'une faible partie de ce décalage.[211] Le principal facteur de ce décalage provenait du fait que les gouvernements ne considéraient pas les programmes de stabilité comme des engagements. Après les avoir envoyés à la Commission européenne, ils avaient l'habitude d'adopter des mesures budgétaires nouvelles, non financées par des ressources permanentes, ce qui avait pour effet de les rendre caducs.

Dans la mesure où les soldes publics n'atteignaient pas l'équilibre pendant les périodes hautes du cycle économique, il était évidemment difficile de respecter le seuil des 3 % en période de ralentissement. Ce seuil fut dépassé en 2002 en 2003 et à nouveau en 2004. Et suite à la procédure pour déficit excessif lancée par la Commission européenne contre la France, le président Chirac, soutenu par le chancelier allemand Schröder, dont le pays faisait également l'objet d'une procédure pour déficit excessif, et par le président du Conseil italien Berlusconi, réussit à obtenir en novembre 2003 de la part du Conseil des ministres des Finances de l'Union européenne un vote de suspension de l'application de la

---

l'objectif du gouvernement. Les prévisions de retour à l'équilibre à moyen terme reposaient sur l'hypothèse basse. Les programmes établis de 1999 à 2005 avaient comme hypothèse basse une croissance de 2,5 % du PIB. A partir des programmes de 2006, c'est le chiffre de 2,25 % qui fut retenu comme hypothèse basse. L'hypothèse haute quant à elle situait la croissance annuelle moyenne du PIB à 3 %

[211] L'écart de croissance entre la prévision et la réalisation fut en moyenne de 0,4 points par an. Cela correspond à un écart moyen de 1,2 point dans la mesure où les prévisions portent sur trois années. La sensibilité budgétaire de la France est de 0,5. L'écart de solde budgétaire entre la prévision et les soldes d'exécution des budgets publics qui s'explique par la surestimation de la croissance est par conséquent de 0,6 point. Or, de 2002 à 2007, les déficits publics furent en moyenne de 3 %.

règle des 3 %.[212] Et en 2005, les dirigeants politiques de la zone euro décidèrent d'assouplir les conditions d'application de la règle des 3 %, trop strictes à leurs yeux.

La déclaration effectuée par le Premier ministre Jean-Pierre Raffarin au journal de 20 heures de TF 1 début septembre 2003 reflète l'état d'esprit de la plupart des dirigeants politiques français à cette époque à l'égard des règles budgétaires européennes.

« *Mon premier devoir, ce n'est pas d'aller rendre des équations comptables et de faire des problèmes de mathématiques pour que tel ou tel bureau, dans tel ou tel pays, soit satisfait (...) mon premier travail est de faire en sorte qu'il y ait du travail* » pour les Français [213]

3. Des règles renforcées dans un contexte économique dégradé : 2008-2015

A partir de 2008, le contexte d'application des règles budgétaires se modifia. La situation économique se dégrada fortement. Et les règles budgétaires furent renforcées. Depuis 2008 en effet, les gouvernements sont confrontés à un contexte de récession puis de faible croissance alors même qu'ils ont perdu la maîtrise de la plupart des instruments de politique économique. Du fait de l'appartenance à la zone euro, ils ne peuvent plus

---

[212] C'est à la Commission européenne qu'incombe l'initiative de la procédure devant aboutir aux sanctions. Mais l'adoption des sanctions suppose un vote en Conseil des ministres des Finances de l'Union européenne. Jusqu'en 2011, il fallait un vote à la majorité qualifiée en faveur des sanctions pour qu'elles soient adoptées. En 2011 a été adopté le principe du vote à la majorité inversée (cf. note 217 pour ce principe)

[213] Cf. Arnaud Leparmentier. *Ces Français, fossoyeurs de l'euro.* Plon. 2013. Page 92-93.

mener de politique monétaire ou de politique de taux de change. Quant à l'instrument budgétaire, son utilisation est difficile du fait de l'ampleur des déficits publics (7,6 % du PIB en 2009) et du rythme élevé d'augmentation de la dette publique. Les politiques suivies à partir de 2009 consistèrent en une succession de plans de relance et de plans de rigueur. Après le grand emprunt Sarkozy, il y eut en 2011 les hausses d'impôts Sarkozy-Fillon, suivies en 2012-2013 des hausses d'impôts Hollande, auxquelles succédèrent à partir de 2014 les baisses d'impôts Hollande. Les hausses d'impôts Sarkozy-Fillon de 2011 et Hollande de 2012-2013 mirent fin aux dispositions de la loi TEPA de 2007 et d'une façon générale eurent pour effet une forte augmentation du poids de l'impôt sur le revenu alors qu'il n'avait cessé de diminuer au cours des années 2000.[214] A partir de 2014, les dirigeants politiques socialistes renouèrent avec le thème de la baisse des impôts, sous l'égide de l'expression «ras le bol fiscal » lancée par le ministre de l'Economie et des Finances Pierre Moscovici. Ce changement d'orientation de la politique fiscale à mi-mandat est cohérent avec le cycle électoral dans la perspective des échéances électorales de 2017. Ce changement d'orientation reflète cependant également les difficultés de la politique budgétaire, confrontée à une dette publique élevée et à une croissance économique faible. D'une façon générale la coexistence d'une dette élevée et d'une faible croissance a pour effet de placer les dirigeants politiques dans une situation d'injonction contradictoire. L'embarras dans lequel se

[214] Les principales dispositions de ces augmentations successives d'impôts furent les suivantes : suppression du bouclier fiscal, fin de la défiscalisation des heures supplémentaires, alignement de la fiscalité des revenus du capital sur celle de la fiscalité du travail, augmentation du taux marginal de l'impôt sur le revenu pour la tranche supérieure, abaissement du plafond pour le quotient familial.

trouvent aussi bien Michel Rocard qu'Alain Juppé au début des années 2010 pour effectuer des propositions en matière de politique budgétaire illustre cette situation.

Michel Rocard. 2010.
« *Car s'il est clair qu'il faut réduire de beaucoup les dépenses pour améliorer l'équilibre budgétaire tout en payant notre dette, il est tout aussi clair que cela ne doit pas aller jusqu'à provoquer une récession en France, ni amputer les efforts de recherche scientifique indispensable à l'avenir* »[215]

Michel Rocard. 2011.
« *Je ne sous-estime pas non plus la gravité puisqu'on ne peut pas continuer à emprunter quelque 300 milliards par an. La situation est extrêmement préoccupante mais l'essentiel est de traiter la chose dans des conditions non anesthésiantes. Il faut traiter le patient en le renforçant et non pas en le mettant en déflation (...) aujourd'hui il nous faut en quelque sorte inventer une politique publique, sans beaucoup d'outils pour le faire* »

Et Alain Juppé. 2011.
« *Comment cesser d'accumuler des déficits et une dette pouvant dépasser le PIB sans casser, pour autant, les timides signes d'un redémarrage de l'activité économique ? Je crois que c'est là qu'est aujourd'hui le nœud du réglage de la politique conjoncturelle. Comment réagir face à un mouvement qui, même si nous ne sommes pas en faillite, nous entraine dans le mur, et ne pas courir pour autant le risque d'une stagnation de la croissance, voire d'une déflation ? Tout sera dans l'art de placer le*

[215] Michel Rocard. *Si ça vous amuse. Chronique de mes faits et méfaits*. Flammarion. 2010. Page 215.

curseur entre rigueur et croissance, dans l'art de l'exécution »[216]

Par ailleurs, suite à la crise des dettes publiques dans la zone euro, mise sur le compte par les dirigeants politiques des pays d'Europe du nord d'une discipline budgétaire qui aurait été insuffisante, les règles budgétaires furent renforcées.

Ce fut le cas d'une part à partir de 2012-2012 des règles budgétaires européennes. Les projets de budgets nationaux sont désormais transmis à la Commission européenne avant leur adoption par les parlements nationaux. Et elle a la possibilité de demander une modification du contenu de ces projets. Par ailleurs a été introduit le principe du vote à la majorité inversée pour l'adoption des sanctions en cas de non respect de la règle des 3 %. [217] Cette disposition, qui réduit la possibilité pour le Conseil des ministres des Finances de l'Union européenne de s'opposer aux sanctions, a pour effet en principe de renforcer le pouvoir de la Commission. Si elle lance une procédure de sanction contre un Etat-membre, celle-ci a désormais de fortes chances d'aboutir.

Par ailleurs, parallèlement aux règles européennes furent adoptées des règles budgétaires nationales. En 2008, une réforme de la Constitution avait introduit le principe de lois de programmation des finances publiques. Les dispositions relatives à ces lois de programmation des finances publiques furent complétées en 2012, en application du traité budgétaire européen de mars 2012, par un mécanisme de correction, censé être mis en oeuvre en cas d'écart important entre la trajectoire budgétaire

---

[216] Michel Rocard et Alain Juppé. Idem. Pages 120 et 122.

[217] Selon ce principe, en cas de procédure pour déficit excessif, les propositions de la Commission d'infliger des sanctions sont adoptées, sauf si le Conseil des ministres les rejette à la majorité qualifiée.

prévue dans la loi de programmation des finances publiques et les résultats de l'exécution budgétaire de l'année écoulée.[218] Par ailleurs fut institué en 2013, toujours en application du traité budgétaire européenne de mars 2012, le Haut conseil des finances publiques, chargé de se prononcer sur la qualité des prévisions macroéconomiques effectuées par le gouvernement. Le fait que les avis du Haut conseil des finances publiques soient rendus publics est censé réduire la propension des dirigeants politiques à avoir recours à des prévisions macroéconomiques optimistes.

Ces nouvelles dispositions avaient pour objectif une augmentation des incitations à respecter les règles. Mais le caractère dégradé de la situation économique provoque l'effet inverse. Les dirigeants politiques en sont réduits à agir sur le seuil de la crête. Pendant la campagne électorale des présidentielles de 2012, François Hollande s'était engagé à renégocier le traité budgétaire européen de mars 2012 au profit d'un pacte européen pour la croissance.[219] Une fois élu, il fit ratifier ce traité

---

[218] Selon la loi organique du 17 décembre 2012, le mécanisme de correction est mis en œuvre en cas d'écart important entre les orientations pluriannuelles de solde structurel définies dans la loi de programmation des finances publiques et les résultats de l'exécution budgétaire de l'année écoulée. Un écart est considéré comme important lorsqu'il représente au moins 0,5% du PIB sur une année ou au moins 0,25% du PIB par an sur deux années consécutives. En cas d'écart important, le gouvernement doit en tenir compte dans le prochain projet de loi de finances de l'année.

[219]Cf. le discours de François Hollande du Bourget du 22 janvier 2012. « *Nous avons besoin d'Europe, elle doit nous aider à sortir de la crise mais pas imposer une austérité sans fin qui peut nous entraîner dans la spirale de la dépression. Les disciplines sont nécessaires, des engagements devront être pris pour le désendettement et être respectés. Mais c'est la croissance qui nous permettra d'y parvenir le plus sûrement. C'est pourquoi je proposerai à nos partenaires un pacte de responsabilité, de gouvernance et de croissance. Je*

budgétaire sans exiger de renégociation. Et il fit adopter la loi organique du 17 décembre 2012 qui instituait le mécanisme de correction et le Haut conseil des finances publiques, conformément à ce que prévoyait ce traité. Et malgré les augmentations d'impôts auxquelles il fit procéder en 2012 et 2013, il plaça la politique budgétaire sous le signe du refus de l'austérité. Et il entreprit de résister à l'application des règles budgétaires européennes, non de façon frontale mais de façon oblique.

Il fit voter en décembre 2012 une nouvelle loi de programmation des finances publiques portant sur la période 2013-2017, qui se substituait à la loi de programmation du 28 décembre 2010. Cette nouvelle loi prévoyait un déficit public de 3 % pour 2013 et le retour à l'équilibre budgétaire pour 2017. La programmation budgétaire retenue dans cette loi était conforme, du moins en apparence, à la demande de la Commission européenne de respecter la règle des 3 % dès 2013 et à sa promesse de campagne électorale de retour à l'équilibre budgétaire en 2017, effectuée lors de son discours du Bourget du 22 janvier 2012 :

« *Redresser l'économie, redresser l'industrie, mais aussi redresser les finances. Le niveau de la dette publique n'a jamais été aussi élevé. La dette publique a doublé depuis 2002. 10 ans de droite auront coûté aussi cher que tous les gouvernements réunis de la Ve République (...) Pour maîtriser la dette, je rétablirai l'équilibre budgétaire en fin du mandat qui me sera confié* »[220]

---

renégocierai le traité européen issu de l'accord du 9 décembre pour lui apporter la dimension qui lui manque, c'est-à-dire la coordination des politiques économiques, des projets industriels, la relance de grands travaux dans le domaine de l'énergie... » (François Hollande)

[220] François Hollande. Discours du Bourget du 22 janvier 2012

Cette loi de programmation des finances publiques reposait en fait sur une prévision de croissance très optimiste, nettement supérieure au « consensus forecast».[221] Et alors que le ministre des Finances Pierre Moscovici affirmait la détermination du gouvernement à respecter les engagements annoncés dans cette programmation budgétaire, il négociait avec la Commission européenne un report de la date de retour à un déficit public inférieur à 3 %. En juillet 2013, la Commission européenne accepta de repousser cette échéance à 2015. En échange de ce report elle demanda à la France la mise en oeuvre de réformes dites structurelles, censées permettre de réduire la dépense publique et d'améliorer la compétitivité de l'économie française à moyen terme (réforme des retraites, réforme de l'organisation territoriale, baisse du coût du travail). En fin de compte le déficit public de l'année 2013 fut de 4,1 % du PIB. Le programme de stabilité envoyé à la Commission européenne en avril 2014 prenait acte de ce nouvel échéancier, avec une prévision de déficit public de 3 % pour 2015 et l'équilibre structurel pour 2017.[222]

A partir de l'été 2014 cependant, les évolutions macroéconomiques et budgétaires en cours indiquaient que les objectifs annoncés pour 2014 et 2015 ne pourraient pas non plus être tenus. En septembre 2014 le

---

[221] Le consensus forecast correspond à la moyenne des prévisions effectuées par les organismes de prévision. A l'automne 2012, les prévisions du consensus forecast pour la France se trouvaient dans une fourchette de 0,3 % à 0,4 % pour 2013 (contre 0,8% pour la prévision du gouvernement) et de 1,3 % à 1,4 % pour 2014 (contre 2 % pour la prévision du gouvernement). Pour les années 2015-2017. les prévisions de croissance du PIB potentiel du consensus forecast étaient de 1,1 % par an (contre 1,6 % pour la prévision du gouvernement).

[222] Depuis 2012, les programmes de stabilité doivent viser non plus l'équilibre du solde effectif mais l'équilibre structurel.

gouvernement présenta un nouveau projet de loi de programmation des finances publiques, portant sur la période 2014-2019, en remplacement de la loi de programmation du 31 décembre 2012. Ce projet de loi repoussait à 2017 la date de retour à un déficit public inférieur à 3 % et à 2019 l'équilibre structurel. L'adoption de cette nouvelle trajectoire budgétaire permit au gouvernement d'éviter de mettre en œuvre le mécanisme de correction prévu par la loi organique du 17 décembre 2012.[223] Elle annonçait par ailleurs une nouvelle demande de report à la Commission européenne. Pour cette nouvelle trajectoire budgétaire cependant, le gouvernement renonça aux prévisions de croissance optimistes et aligna sa prévision de croissance du PIB potentiel sur celle de la Commission européenne.[224]

Par ailleurs François Hollande nomma Pierre Moscovici à Bruxelles au poste de commissaire européen aux Affaires économiques, financières et fiscales, chargé de la supervision de la discipline budgétaire des Etats de l'Union européenne. Face aux critiques provoquées par cette nomination, la Commission laissa entendre que Pierre Moscovici travaillerait sous la surveillance du vice-président pour l'euro et le dialogue social, le Letton Valdis Dombrovski. Par ailleurs elle présenta des demandes d'ajustements au projet de budget 2015. Manuel Valls

---

[223] Dans son avis du 23 mai 2014, le Haut conseil des finances publiques avait fait état, pour l'année 2013, d'un écart de 1,5 point de PIB entre le solde structurel exécuté en 2013 et le solde structurel prévu dans la loi de programmation des finances publiques du 31 décembre 2012. Cet écart étant un écart important selon la définition de la loi organique du 17 décembre 2012, il devait en principe être suivi par le déclenchement du mécanisme de correction.
[224] La prévision de croissance du PIB potentiel était de 1,0 % pour 2014-2015 et de 1,2 % pour les années 2016 à 2019. Il s'agissait d'une prévision en baisse par rapport à celle effectuée pour la loi de programmation des finances publiques du 31 décembre 2012.

réagit à ces demandes en faisant vibrer la fibre nationale et en exhortant au « respect de la France ».[225] Au bout du compte, le nouveau ministre des Finances Michel Sapin accepta la demande de la Commission européenne de mesures complémentaires afin de ramener la prévision de déficit pour 2015 à 4,1 % au lieu de 4,3 % dans le projet de loi initial. En revanche il refusa la demande concernant la réduction du déficit structurel. Et en février 2015 la Commission européenne notifia à la France son acceptation du report à l'année 2017 de la date de retour à un déficit public inférieur à 3 %.

Par rapport aux années 2000, l'attitude du gouvernement français à l'égard de la Commission européenne a changé. La confrontation a laissé la place à la négociation. La méthode est différente mais le résultat en termes de reports d'échéances est le même. La façon dont Pierre Moscovici, dans un livre datant de 2013 alors qu'il était ministre des Finances, s'attribue les mérites du report à 2015 de l'objectif de déficit inférieur à 3 %, rend compte de cette attitude nouvelle.

« *Tout en pensant que la politique d'austérité est fondamentalement juste, je pense qu'elle a atteint ses limites. Pour réussir, une politique ne doit pas seulement être bien conçue. Elle doit aussi bénéficier d'un minimum de soutien politique et social : la phrase est signée de José Manuel Barroso (...) Si je reprends cette phrase, c'est parce que le grand pape de la consolidation budgétaire, le*

---

[225] *"Il faut respecter la France, c'est un grand pays. Je n'accepte pas de leçons de bonne gestion. Je demande à chacun beaucoup de sang-froid, beaucoup de respect, surtout de la part de nos partenaires européens.... C'est nous qui décidons du budget. Ce que nous demandons uniquement aux Européens, c'est de tenir compte de la réalité qui s'impose malheureusement à nous : la crise qui mine la zone euro* » (discours prononcé à Blois le 10/10/2014).

premier défenseur de l'assainissement des bilans, reconnaissait ainsi pour la première fois qu'une autre voie – une autre voie que celle de l'austérité, du culte des 3 % - était possible (...) Toute la séquence de l'été 2012 au printemps 2013, est construite, pour la France, autour d'une même volonté : changer les paramètres du débat européen pour redonner la priorité à la croissance. C'est le fil rouge, unique, celui qui va progressivement amener José Manuel Barroso à prendre si spectaculairement ses distances avec la religion du désendettement effréné, et qui aboutira à l'une de nos plus grands victoires européennes : le report de deux ans, pour la France de l'objectif de ramener nos déficits sous les 3 % »[226]

S'opposer de façon frontale à la Commission européenne aurait été contreproductif. Il s'agissait de faire preuve de diplomatie.

« *En parallèle, mon dialogue permanent avec la Commission européenne, et en particulier avec le commissaire Rehn, s'intensifie. Nous discutons des efforts de la France, de ses réformes. De la conjoncture économique qui se dégrade, et qui change la donne (...) Il est raisonnable d'accorder à la France un délai de deux ans, soit jusqu'en 2015 pour ramener son déficit sous la barre des 3 % déclarera finalement Olli Rehn début mai, avant que le Conseil européen ne confirme cette recommandation à la France un mois plus tard.*
Un point d'arrivée : celui de cet immense effort diplomatique depuis l'été 2012, qui s'est accéléré au premier semestre 2013, pour changer les paramètres du débat européen sans renverser la table. Elle est là, la difficulté : non pas nous affranchir des règles

[226] Pierre Moscovici. *Combats. Pour que la France s'en sorte.* Flammarion. 2013. Page 159.

communautaires, exaspérer nos partenaires, subvertir notre crédibilité, nous exposer à la sanction des règles communautaires et des marchés. Mais convaincre, c'est-à-dire modifier les contours mêmes du débat et ses termes ».[227]

Et Pierre Moscovici de poursuivre avec des propos prémonitoires par rapport à ce qui allait se passer par la suite.

« Un point de départ surtout : les lignes ont bougé, la Commission européenne a choisi de s'éloigner de la ligne qu'elle avait suivie jusqu'à présent, qui revenait à se concentrer sur les objectifs nominaux. Il faut à présent conforter cette avancée. Renouer avec la croissance ne passe pas seulement par le report d'une cible de déficit nominal. Ce succès – car c'en est un – n'est qu'un début »[228]

Ce contournement par les dirigeants politiques français des règles budgétaires peut donner lieu à deux lectures. Une première lecture, d'orientation institutionnaliste, consiste à souligner la faiblesse des mécanismes de mise en œuvre des règles budgétaires européennes. L'un des éléments de cette faiblesse réside dans l'absence d'indépendance à l'égard des dirigeants politiques des organes chargés de la mise en œuvre des règles.[229] Le

[227] Pierre Moscovici. Idem. Page 171.
[228] Pierre Moscovici. Idem. Page 174.
[229] D'une façon générale, l'indépendance de l'organe chargé de la mise en œuvre des règles à l'égard des dirigeants politiques constitue l'une des conditions de l'efficacité des règles.
Sur ce point cf. Inman R.P. (1996), "Do Balanced Budget Rules Work ? US Experience and Possible Lessons for the EMU", NBER Working Paper n° 5838, Cambridge, National Bureau of Economic Research.

Conseil des ministres de l'Union européenne est constitué des ministres des Finances des pays membres. Et les membres de la Commission européenne sont nommés par les chefs d'Etat de l'Union européenne. Cette faiblesse résulte également du faible degré de légitimité des règles européennes et de la Commission européenne auprès de l'opinion publique française. Des règles nationales, dont l'adoption a fait l'objet d'un débat public ainsi que d'une appropriation par l'opinion publique du pays en question, peuvent bénéficier d'une forte légitimité. Elles s'imposent aux dirigeants politiques, même en l'absence de mécanismes de mise en œuvre basés sur des sanctions formelles. Un tel processus d'appropriation ne fonctionne pas avec des règles européennes, qui apparaissent comme des règles imposées par des organes extérieurs à la communauté nationale.

Une seconde lecture consiste à considérer qu'une application stricte des règles budgétaires en période de faible activité économique n'est pas souhaitable. Dans une telle perspective, le gouvernement français aurait eu raison, depuis 2012, de contourner la règle des 3 %. Et la Commission européenne, en se prêtant à ce jeu, se comporterait comme certains comités budgétaires de pays d'Europe du nord qui acceptent qu'en période de faible croissance du PIB, la mise en oeuvre des règles budgétaires soit effectuée de façon souple.

Conclusion

De la fin des années 1940 au début des années 1980, le cadre institutionnel dans lequel s'exerçait la politique économique était de type keynésien. Il permettait des politiques économiques en fonction d'objectifs macroéconomiques qui étaient soit la croissance du PIB et l'emploi, soit la stabilité des prix et l'équilibre extérieur. Pour atteindre ces objectifs macroéconomiques, les dirigeants politiques avaient à leur disposition différents moyens d'action dont la mise en œuvre relevait, selon le choix des moyens d'action, de la politique budgétaire, de la politique monétaire, de la politique du taux de change ou de la politique des revenus. Les objectifs spécifiques qui étaient assignés à ces différents types de politiques étaient des objectifs intermédiaires en vue des objectifs macroéconomiques. En ce qui concerne la politique budgétaire, les objectifs en termes de solde budgétaire servaient soit la lutte contre l'inflation (objectif intermédiaire d'équilibre budgétaire) soit la croissance et l'emploi (objectif intermédiaire de déficit budgétaire).

Avec ce cadre institutionnel, basé sur l'imbrication entre les sphères budgétaire et monétaire, les déficits budgétaires produisaient des effets sur les grandeurs macroéconomiques, qu'il s'agisse d'effets positifs en terme de croissance et d'emploi, ou d'effets négatifs en termes d'inflation. Mais ils n'entraînaient pas de hausse de la dette de marché, du fait des ressources monétaires dont disposait l'Etat pour financer ses déficits.

Le déséquilibre macroéconomique le plus fréquent était constitué par les surchauffes économiques qui se traduisaient par de l'inflation. Il y eut ainsi successivement la très forte inflation de l'immédiat après-guerre, l'inflation des années 57-58, liée à la guerre d'Algérie et l'inflation des années 1970 qui avait commencé à la fin des années 1960 et qui connut une accélération avec les chocs pétroliers. Mais ce cadre institutionnel présentait l'avantage de générer les politiques qui mettaient fin aux déséquilibres, sous la forme des plans de stabilisation.

D'un point de vue politique, ces plans de stabilisation étaient vendables à l'opinion publique. Les mesures prises, a priori impopulaires - augmenter les impôts, baisser les subventions ou les prestations sociales - étaient censées mettre fin des phénomènes visibles et perçus de façon négative. L'inflation en effet, ainsi que les dévaluations qui en étaient la conséquence, étaient ressenties comme relevant d'un processus d'appauvrissement. Ces plans de stabilisation étaient présentés sur le mode de l'effort nécessaire en vue du redressement économique. Et les hommes politiques ayant associé leur nom à ces plans entrèrent dans l'histoire de façon positive. Avant la guerre il y avait eu Raymond Poincaré, « le sauveur du franc ». Puis il y eut Antoine Pinay, l'homme qui rétablit la confiance et le général De Gaulle dont la trajectoire politique toute entière reposa sur les thèmes de l'effort et du redressement national. Jacques Delors, considéré comme l'auteur de la désinflation compétitive, peut également être rattaché, avec son plan de rigueur de 1983, à cette lignée de dirigeants politiques.

Il existait certes une certaine latitude dans le choix des politiques menées. En 1945, le général de Gaulle avait arbitré en faveur de René Pleven contre Pierre Mendès-France, ce qui eut pour effet de repousser la politique de stabilisation à 1948. En 1969, Georges Pompidou avait dévalué pour éviter de mettre en œuvre un plan de stabilisation. Et en mars 1983, François Mitterrand avait hésité entre la sortie du Système monétaire européen et la désinflation compétitive. Ces hésitations, ces désaccords et la recherche d'options alternatives résultaient de la pluralité des points de vue quant au niveau d'inflation considéré comme acceptable et quant aux différences de perception au sujet du coût politique des plans de stabilisation. Mais au bout du compte l'option en faveur de la stabilisation finissait par l'emporter, soit en raison d'un rythme d'inflation qui finissait par être considéré comme insupportable soit en raison de l'épuisement des réserves de change qui avait pour effet de faire apparaître la stabilisation comme la seule solution possible. Le cadre institutionnel en place de la fin des années 1940 au début des années 1980 se traduisait par des effets inflationnistes. Mais il générait un mécanisme autocorrectif par rapport à ces effets.

Le cadre institutionnel actuel est de type libéralo-rigide. Il est libéral dans la mesure où l'Etat a perdu la maîtrise de la plupart des moyens d'action qui lui permettaient de mener des politiques macroéconomiques. En ce qui concerne la politique monétaire et la politique du taux de change, non seulement l'Etat en a perdu la maîtrise, mais, du fait de l'appartenance à la zone euro, ces politiques ne peuvent désormais être menées qu'en fonction de la situation globale de la zone euro et non en fonction de la situation spécifique de la France. L'Etat a en principe conservé la maîtrise de la politique budgétaire. Mais du fait de la dissociation entre les sphères budgétaire et monétaire, les effets de la politique budgétaire sur les variables macroéconomiques sont incertains. Les déficits publics ne provoquent ni inflation, ni croissance, mais un gonflement de la sphère financière avec une hausse parallèle de la dette et du patrimoine financier des créanciers.

Le cadre institutionnel actuel se caractérise par ailleurs par sa rigidité. Cette rigidité est la conséquence de l'appartenance à la zone euro. Avec un cadre institutionnel qui serait de type libéralo-flexible, les déséquilibres extérieurs de la France se résorberaient sur le marché des changes par des variations de la valeur du franc. Dans la mesure où les principaux déséquilibres extérieurs de la France se produisent avec le reste de la zone euro, et de façon principale avec l'Allemagne, cela signifierait une dépréciation du franc par rapport au mark. Les variations de la valeur de l'euro, qui se produisent à l'heure actuelle, ne permettent des ajustements qu'avec les pays extérieurs à la zone euro, et non avec les pays avec lesquels la France effectue l'essentiel de ses échanges. Avec le cadre institutionnel de type libéralo-rigide, les politiques à l'ordre du jour visent, en l'absence de possibilité d'ajustement par les taux de change, à obtenir des ajustements équivalents par une compression des grandeurs nominales, et prennent la forme de politiques de baisses des coûts (baisse du coût du travail notamment) et de recherche de flexibilité. A cet égard, pour les pays ayant des déficits extérieurs, dont la France, le degré d'austérité exigé par le cadre de type libéralo-rigide est plus élevé que celui qui découlerait d'un cadre de type libéralo-flexible.

Par ailleurs, à la différence du cadre institutionnel keynésien par rapport à l'inflation, le cadre de type libéralo-rigide ne génère pas de mécanisme autocorrectif par rapport au processus de hausse de la dette publique. L'inflation constituait un phénomène visible et ressenti comme un problème pour le présent. La dette en revanche constitue une source d'inquiétude pour le futur. Et la perspective hypothétique d'une crise des finances publiques dans un futur indéterminé n'a pas pour effet d'inciter les dirigeants politiques à mener des politiques de réduction des déficits publics dans le présent, pas même pendant les périodes où la conjoncture le permettrait. La substitution de la dette à l'inflation, en ayant eu pour effet de remplacer un problème du présent par un problème du futur, a libéré le court-termisme des dirigeants politiques en matière de politique budgétaire.

Le passage du cadre de type keynésien au cadre de type libéralo-rigide fut le résultat d'un grand nombre de décisions, prises de la fin des années 1950 à la mise en place de l'euro, en fonction de logiques diverses (construction européenne, lutte contre l'inflation, modernisation de l'économie française, ouverture à la concurrence, objectif de baisse des taux d'intérêt à long terme etc…). C'est cependant au cours des années 1980 que furent franchies les étapes décisives de ce passage. Le paradoxe veut que les principaux artisans de ce passage furent des dirigeants politiques socialistes, qui dans les années 1970 avaient développé une rhétorique de rupture avec le capitalisme, et dont les héritiers actuels se prévalent des idées de Keynes. C'est la conjonction d'une orientation keynésienne en matière budgétaire et d'une orientation monétariste en matière de politique monétaire, qui précipita le démantèlement du cadre de type keynésien. Au cours des années 1960, les dirigeants politiques gaullistes, soucieux de garantir la stabilité des prix, avaient opté pour l'équilibre budgétaire. Ils avaient également commencé à démanteler les dispositifs du financement administré des dépenses publiques et à développer la place financière de Paris. Mais ce développement ne constituait pas un impératif pour eux dans la mesure où, avec l'équilibre budgétaire, le cadre institutionnel de type keynésien était compatible avec leur objectif de stabilité des prix. Au cours des années 1980 en revanche, les dirigeants politiques socialistes souhaitaient à la fois les déficits publics et la désinflation. Le démantèlement du cadre institutionnel en vigueur devenait une nécessité.

L'adoption du cadre de type libéralo-rigide fut effectuée en contradiction avec la culture économique de la majorité des dirigeants politiques qui l'avaient entreprise. Ceci a pour conséquence l'existence d'un hiatus entre la logique austéro-libérale de ce cadre institutionnel et la culture de la majorité des dirigeants politiques français qui est restée keynésienne. Ce hiatus a notamment pour effet que la politique économique est prise en étau entre une logique libérale allant dans le sens de réformes dites structurelles (baisse des coûts, recherche de flexibilité etc...) et des velléités de résistance à cette logique, qui se manifestent par une focalisation sur la politique budgétaire, au nom de la croissance, de l'emploi et du refus de l'orthodoxie budgétaire, focalisation d'autant plus forte que le budget est resté le seul instrument de politique conjoncturelle à la disposition des dirigeants politiques. Cette contradiction entre le cadre institutionnel de type libéralo-rigide qui tend à imposer sa logique à la politique économique française et la culture souverainiste et keynésienne de la majorité des dirigeants politiques français est source de tensions et d'instabilité potentielle, et par conséquent d'évolutions futures. Plusieurs types de scénarii sont envisageables.

Selon un premier type de scenarii, la hausse de la dette publique finira par déboucher sur un renforcement des dispositions institutionnelles actuelles, du type règles ou comités budgétaires, qui constitueraient dans ce cas un cadre véritablement contraignant pour les dirigeants politiques. Ce renforcement serait imposé, soit à l'issue d'une crise des finances publiques, soit à titre préventif, pour éviter l'éclatement d'une telle crise. Ce type de scénarii correspondrait à la fois à la confirmation et au renforcement du cadre libéralo-rigide actuellement en vigueur ainsi qu'à l'alignement de la France sur les autres pays de la zone euro.

Selon un second type de scénarii, la culture majoritairement souverainiste et keynésienne des dirigeants politiques français aboutirait à la remise en cause du cadre institutionnel de type libéralo-rigide. Cette remise en cause s'effectuerait dans une ambiance de tensions avec les pays de la zone euro ne partageant pas la culture économique française, et notamment avec l'Allemagne. Elle s'accompagnerait de ruptures à l'intérieur de la zone euro, suivies d'une période d'instabilité économique. A l'issue de cette période, selon les décisions prises par les futurs dirigeants politiques, notamment en ce qui concerne les statuts et le mandat de la future banque centrale, il s'agirait soit d'un retour vers un cadre de type keynésien soit de la mise en place d'un cadre de type libéralo-flexible, qui caractérise à l'heure actuelle des pays tels le Royaume-Uni ou les pays scandinaves.

D'une façon générale, l'affaiblissement de la logique communautaire et le retour des logiques nationales à l'heure actuelle dans la plupart des pays de l'Union européenne semblent privilégier des évolutions vers des scénarii du second type. Ce type de scénarii se heurte cependant à l'aversion de la plupart des dirigeants politiques européens, y compris des dirigeants politiques français, pour toute option s'apparentant à une mise en cause de l'appartenance à la zone euro.

Je remercie par avance les lecteurs qui voudraient bien me transmettre leurs réactions et leurs remarques par courrier électronique :

bernard.schwengler@wanadoo.fr

Bibliographie

Ouvrages des dirigeants politiques.

Alphandéry Edmond. *La réforme obligée. Sous le soleil de l'euro*. Grasset. 2000.

Ardant Gabriel et Mendès-France Pierre. *La science économique et l'action*. Unesco-Julliard. 1954.

Arthuis Jean. *Dans les coulisses de Bercy. Le cinquième pouvoir*. Albin Michel. 1998.

Arthuis Jean. *S.O.S. Finances publiques. Osons les vraies réformes*. Calmann-Lévy. 2011.

Balladur Edouard. *Deux ans à Matignon*. Plon. 1995.

Barre Raymond. *Réflexions pour demain*. Hachette. 1984.

Barre Raymond. *L'expérience du pouvoir. Conversations avec Jean Bothorel*. Fayard. 2007

Bolkenstein Frits et Rocard Michel. *Peut-on réformer la France ? Propos recueillis par Bertrand Richard*. Editions Autrement. Paris. 2006.

Breton Thierry. *Anti-Dette*. Plon. 2007.

Chirac Jacques. *La France pour tous*. 1994. Nil Editions.

Chirac Jacques. *Mon combat pour la France. Textes et interventions*. Odile Jacob. 2007.

Chirac Jacques. *Mémoires. Tome 1. Chaque pas doit être un but*. Nil Editions. Paris. 2009.

Chirac Jacques. *Mémoires. Tome 2. Le temps présidentiel*. Nil Editions. Paris. 2011

Debré Michel. *Gouverner autrement. 1962-1970. Mémoires*. Albin Michel. 1993.

Delors Jacques. *L'unité d'un homme. Entretiens avec Dominique Wolton*. Editions Odile Jacob. 1994.

Faure Edgar. *Mémoires. Avoir toujours raison...C'est un grand tort*. Plon. 1982

Fillon François. *La France peut supporter la vérité*. Albin Michel. 2006.

Fillon François. *Faire*. Albin Michel. 2015.

Hollande François et Moscovici Pierre. *L'heure des choix. Pour une politique économique*. Editions Odile Jacob. Economie. 1991.

Hollande François. *Devoirs de vérité. Dialogue avec Edwy Plenel*. Stock. 2006.

De Gaulle Charles. *Mémoires d'espoir. Tome 1. Le renouveau*. Plon. 1970.

De Gaulle Charles. *Mémoires d'espoir. Tome 2. L'effort*. Plon. 1971.

Jospin Lionel. *L'invention du possible*. Flammarion. 1991.

Jospin Lionel. *Le monde comme je le vois*. Le débat. Gallimard. 2005.

Juppé Alain et July Serge. *Entre quatre z'yeux*. Grasset, Paris, 2001.

Juppé Alain et Rocard Michel. *La politique telle qu'elle meurt de ne pas être. Un débat conduit par Bernard Guetta*. Editions Jean-Claude Lattès. 2011.

Madelin Alain. *Quand les autruches relèveront la tête*. Robert Laffont. 1995.

Mauroy Pierre. *Vous mettrez du bleu au ciel*. Plon. 2003.

Mendès-France Pierre. *Œuvres complètes. Tome 2. Une politique de l'économie*. 1943-1954. Gallimard 1985.

Montebourg Arnaud. *Des idées et des rêves*. Flammarion. 2010.

Moscovici Pierre. Combats. *Pour que la France s'en sorte*. Flammarion. 2013

Pompidou Georges. *Entretiens et discours. 1968-1974*. Plon. 1975.

Rocard Michel. *Si la gauche savait. Entretiens avec Georges-Marc Benamou*. Robert Laffont. 2005.

Rocard Michel. *Si ça vous amuse. Chronique de mes faits et méfaits*. Flammarion. 2010.

Sarkozy Nicolas. *Libre.* Robert Laffont. Fixot. 2001.
Sarkozy Nicolas. *Ensemble*. XO Editions. 2007.
Strauss-Kahn Dominique. *Pierre Bérégovoy. Recueil de documents. Une volonté de réforme au service de l'économie : 1984-1993*. Comité pour l'histoire économique et financière de la France. 1998.
Strauss-Kahn Dominique. *La flamme et la cendre*. Grasset. 2002.
Valls Manuel. *Pouvoir*. Stocks. 2010.

Bibliographie générale

Aglietta Michel. *Zone Euro. Eclatement ou fédération*. Michalon. 2012.

Attali Jacques. *Tous ruinés dans 10 ans ? Dette publique : la dernière chance*. Fayard. Paris. 2010.

Bloch-Lainé François et de Vogüé Pierre. *Le Trésor public et le mouvement général des fonds*. Presses universitaires de France. 1960.

Collectif pour un audit citoyen de la dette publique, Que faire de la dette ? Un audit de la dette publique de la France. Edité par Attac France. 2014.

Fitoussi Jean Paul. *Le débat interdit. Arléa*. 1995.

Godeau Rémi. *La France en faillite. La vérité sur l'explosion de la dette publique*. Calmann-Lévy. Paris. 2006.

Gouiffès Pierre-François. *L'âge d'or des déficits. 40 ans de politique budgétaire française*. La documentation française. 2013.

Grjebine André. *La dette publique. Et comment s'en débarrasser*. PUF. 2015.

Hallerberg Mark, Strauch Rolf et von Hagen Jürgen. *Fiscal Governance in Europe*. Cambridge University Press. 2009.

Holbecq André-Jacques et Derudder Philippe. *La dette publique, une affaire rentable. A qui profite le système ?* Editions Yves Michel. 2014.

Inman Robert. "Do Balanced Budget Rules Work ? US Experience and Possible Lessons for the EMU", NBER Working Paper n° 5838, Cambridge, National Bureau of Economic Research. 1996.

Lemoine Benjamin. *Les valeurs de la dette. L'Etat à l'épreuve de la dette publique*. Thèse. 2011. Ecole nationale supérieure des mines de Paris.

Leparmentier Arnaud. *Ces Français, fossoyeurs de l'euro.* Plon. 2013.

Lerner Abba. *Economie de l'emploi.* Editions Sirey. 1972. L'Edition originale date de 1951.

Margairaz Michel. *L'Etat, les finances et l'économie. Histoire d'une conversion. 1932-1952.* Comité pour l'histoire économique et financière de la France. 1991.

Patat Jean-Pierre et Lutfalla Michel. *Histoire monétaire de la France au XXe siècle.* Economica. 1986.

Pébereau Michel. *Rompre avec la facilité de la dette publique. Pour les finances publiques au service de notre croissance économique et de notre cohésion sociale.* Coll. « des rapports officiels ». La Documentation française. Paris. 2006.

Quennouëlle-Corre Laure. « Dette publique et marchés de capitaux au XXe siècle : le poids de l'Etat dans le système financier français » in Andreau et Coll. *La dette publique dans l'histoire.* Comité pour l'histoire économique et financière de la France. 2006.

Rapport Carrez. Rapport d'information déposé par la commission des finances, de l'économie générale et du contrôle budgétaire préalable au débat d'orientation des finances publiques. Assemblée nationale. 2010.

Rapport sur la situation des finances publiques. Par Paul Champsaur et Jean-Philippe Cotis. 2010.

Rapport Migaud. Rapport fait au nom de la commission des finances, de l'économie générale et du plan tendant à la création d'une commission d'enquête sur la dégradation des comptes publics depuis juin 2002. Assemblée nationale. Mai 2004.

Roubini Nouriel et Sachs Jeffrey. « Political and Economic Determinants of Budget Deficits in the Industrial Democracies ». *European Economic Review.* Vol. 33. 1989.

Schwengler Bernard. *Déficits publics. L'inertie française.* L'Harmattan. 2012.

Schwengler Bernard. *Les règles budgétaires.* De Boeck. 2014.

Streeck Wolfgang. *Du temps acheté. La crise sans cesse ajournée du capitalisme démocratique.* Gallimard. 2014.

Swedish Fiscal Policy. Report of the Fiscal Policy Council. 2014.

Verdier-Molinié Agnès. *60 milliards d'économie. Albin Michel*. Paris. 2013.

Table des matières

Marché et Organisations
L'Harmattan

Cahiers d'économie et de gestion thématiques dont le but est de promouvoir la recherche originale sur les relations de plus en plus étroites qui se tissent entre le marché et les organisations. Les acteurs économiques de taille, de puissance et de pouvoir différents dont les intérêts peuvent être convergents, complémentaires ou, le plus souvent, antagoniques, ont tendance à organiser les marchés. La raison du marché, pourtant, est la référence stratégique pour l'entreprise ainsi que pour les institutions publiques de décision économique.

Direction : Sophie Boutillier, Blandine Laperche, Céline Merlin-Brogniart, Jean-Louis Monino, Sophie Reboud, Dimitri Uzunidis (directeur de publication)

Numéros parus :

N°1 : Artisanat. La modernité réinventée, 2006

N°2 : La petite entreprise, elle a tout d'une grande. De l'accompagnement aux choix stratégiques, 2006

N°3 : Tourisme et Innovation. La force créative des loisirs, 2007

N°4 : Le travail. Formes récentes et nouvelles questions, 2007

N°5 : Les universités et l'innovation. L'enseignement et la recherche dans l'économie des connaissances, 2007

N°6 : Entrepreneuriat et accompagnement. Outils, actions et paradigmes nouveaux, 2008

N°7 : Développement durable des territoires. Economie sociale, environnement et innovations, 2008

N°8 : Développement durable et responsabilité sociale des acteurs, 2009

N°9 : Gouvernance : exercices de pouvoir, 2009

N°10 : Le travail collaboratif. Une innovation générique, 2009

N°11 : Economie sociale et solidaire. Nouvelles trajectoires d'innovations, 2010

N°12 : Relations à la marque et marques de la relation. Regards croisés sur le management relationnel de la marque, 2010

N°13 : Les contrats au service de la recherche ?, 2011

N°14 : Le potentiel économique de l'Afrique subsaharienne, 2011
N°15 : Management de la distribution, 2012
N°16 : Territoire Vert. Entreprises, Institutions, Innovations, 2012
N°17 : Eco-conception, conception et innovation. Les nouveaux défis de l'entreprise, 2013
N°18 : Intelligence économique : entreprises et territoires, 2013
N°19 : La finance globale. Un monde fini, 2013
N°20 : La crise du « développement », 2014
N°21 : La Chine innove. Politiques publiques et stratégies d'entreprise, 2014
N°22 : Go East! Nouvelles Economies de Marché, 2015
N°23 : L'économie du changement, 2015
N°24 : Le temps des artisans. Permanences et mutations, 2015
N°25 : Innovations de proximité et esprit d'entreprise, 2016

contact : Dimitri Uzunidis, uzunidis@univ-littoral.fr

Collection « L'esprit économique »

fondée par Sophie Boutillier et Dimitri Uzunidis en 1996
dirigée par Sophie Boutillier, Blandine Laperche, Dimitri Uzunidis

Dernières parutions

► ***Série Economie et Innovation***
F. LARRE, J.-M. PLASSARD, *L'enseignant : réalités économiques et enjeux professionnels*, 2012.
P. MADINIER, *Une économie de services sans servilité*, 2013.
N. ABBES, *L'entreprise responsable. De la responsabilité sociétale à la communication environnementale*, 2013.
Z. LIU, *Politiques d'innovation et pme en France. Une histoire de liens faibles*, 2013.
E. BESANÇON, N. CHOCHOY, T. GUYON, *L'innovation sociale. Principes et fondements d'un concept*, 2013.
F. PAUN, L. ALEXANDRE-LECLAIR, I. VAILEANU-PAUN, *Innover ou périr. Paroles d'experts*, 2014.
F. ABADA, *Individualiser son offre au moindre coût*, 2015.
S. MAHREZ, La division cognitive du travail dans le capitalisme postfordiste, 2016.
► ***Série Le Monde en Question***
M. SANTI, *Splendeurs et misères du libéralisme*, 2012.
P. BAGUS, *La tragédie de l'euro*, 2012.
C. BERTHOMIEU, J.-P. GUICHARD, E. PONOMARENKO (dir.), *La Russie, l'Europe et la méditerranée dans la crise*, 2013.
T. BRUGVIN, *Le commerce équitable et éthique. Opportunités et limites*, 2014.
W. AMEDZRO St-HILAIRE, *Le capital global et sa régulation*, 2014.
W. AMEDZRO St-HILAIRE, *Reconstruire l'Afrique. Nouvelle gouvernance et projet de développement*, 2014.
M. SANTI, *Misère et opulence. Chroniques d'austérité globalisée*, 2015
► ***Série Krisis***
G. MINART, *Entrepreneur et esprit d'entreprise. L'avant-gardisme de Jean-Baptiste Say*, 2014.
T. A. BAKALA, *La monnaie endogène. Une critique de la théorie quantitative de la monnaie*, 2015.
A. MARQUEZ-VELASCO, *Politique et économie. 10 mesures phares pour un monde meilleur*, 2015.
R. GOODFELLOW, *Le cycle des crises aux États-Unis depuis 1929. essai de systématisation de la conjoncture*, 2016.
► **Série *Clichés***
S. BOUTILLIER, D. UZUNIDIS (dir.), *La Russie européenne. Du passé composé au futur antérieur*, 2008.
R. VOLPI, *La négociation. Pain, paix, liberté*, 2009.
► ***Série Cours Principaux***
L. DANIEL, M. RUIMY, *Taux d'intérêt et marches financiers*, 2013.
G. FONOUNI-FARDE, *Comprendre l'économie internationale. L'économie pour tous !*, 2103.
B. NDIAYE, *Analyse économique de l'investissement en capital humain*, 2014.
P. BOUVIER-PATRON, *Economie et management de l'entreprise innovante. Réseaux, territoire et développement durable*, 2014.
J. KIAMBU, *Eléments d'analyse économique*
J.-P. MOCKERS, *Court traite d'économie et de politique économique*, 2016.
► ***Série L'économie formelle***
F. MACHROUH, *Crises bancaires : comprendre pour mieux prédire*, 2012.
J. ATLAN, *L'argent des pauvres, les milliards des banques. Alternatives financières et politiques*, 2012.
F. DUHAMEL, A. DUNOYER de SEGONZAC, *La cocotte-minute financière. Petit précis de décomposition socio-économique*, 2012.
P. BRACONNIER, G. CAIRE (dir.), *L'économie sociale et solidaire et le travail*, 2013.
M. SANTI, *L'Europe. Chroniques d'un fiasco économique et politique*, 2013.
J. BERNARD, *La croissance. 10 points cruciaux*, 2013.
P.-A. LAMBERT, *Le temps de la rigueur. Fiscalité, protection sociale, mondialisation*, 2014.

L'HARMATTAN ITALIA
Via Degli Artisti 15; 10124 Torino
harmattan.italia@gmail.com

L'HARMATTAN HONGRIE
Könyvesbolt ; Kossuth L. u. 14-16
1053 Budapest

L'HARMATTAN KINSHASA
185, avenue Nyangwe
Commune de Lingwala
Kinshasa, R.D. Congo
(00243) 998697603 ou (00243) 999229662

L'HARMATTAN CONGO
67, av. E. P. Lumumba
Bât. – Congo Pharmacie (Bib. Nat.)
BP2874 Brazzaville
harmattan.congo@yahoo.fr

L'HARMATTAN GUINÉE
Almamya Rue KA 028, en face
du restaurant Le Cèdre
OKB agency BP 3470 Conakry
(00224) 657 20 85 08 / 664 28 91 96
harmattanguinee@yahoo.fr

L'HARMATTAN MALI
Rue 73, Porte 536, Niamakoro,
Cité Unicef, Bamako
Tél. 00 (223) 20205724 / +(223) 76378082
poudiougopaul@yahoo.fr
pp.harmattan@gmail.com

L'HARMATTAN CAMEROUN
BP 11486
Face à la SNI, immeuble Don Bosco
Yaoundé
(00237) 99 76 61 66
harmattancam@yahoo.fr

L'HARMATTAN CÔTE D'IVOIRE
Résidence Karl / cité des arts
Abidjan-Cocody 03 BP 1588 Abidjan 03
(00225) 05 77 87 31
etien_nda@yahoo.fr

L'HARMATTAN BURKINA
Penou Achille Some
Ouagadougou
(+226) 70 26 88 27

L'HARMATTAN SÉNÉGAL
10 VDN en face Mermoz, après le pont de Fann
BP 45034 Dakar Fann
33 825 98 58 / 33 860 9858
senharmattan@gmail.com / senlibraire@gmail.com
www.harmattansenegal.com

L'HARMATTAN BÉNIN
ISOR-BENIN
01 BP 359 COTONOU-RP
Quartier Gbèdjromèdé,
Rue Agbélenco, Lot 1247 I
Tél : 00 229 21 32 53 79
christian_dablaka123@yahoo.fr

Achevé d'imprimer par Corlet Numérique - 14110 Condé-sur-Noireau
N° d'Imprimeur : 130282 - Dépôt légal : juillet 2016 - *Imprimé en France*

www.ingramcontent.com/pod-product-compliance
Lightning Source LLC
LaVergne TN
LVHW010941061026
849535LV00007B/2513
* 9 7 8 2 3 4 3 0 9 5 9 3 6 *